行政書士実務選書

基本から始める
物流「2024年問題」
課題と対応

―物流革新元年とするために―

行政書士・海事代理士　田中 秀忠 著
行政書士　伊藤　浩 監修

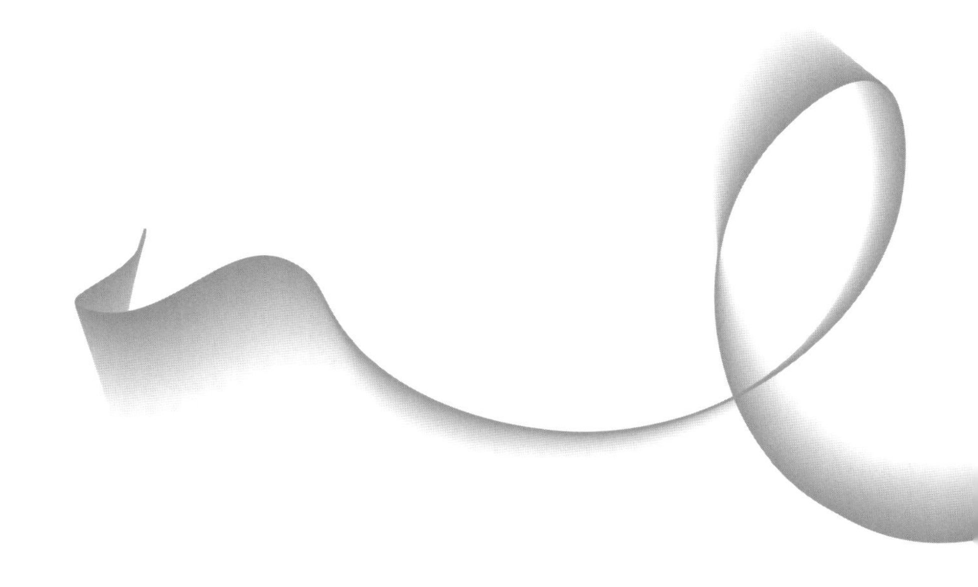

発行 恒春閣

はじめに

物流2024年問題は、物流という社会インフラが崩壊するかしないかの瀬戸際であり、まさに“国難”である。私たちは非常に恵まれた物流環境の中にいるため、それが当たり前かのような錯覚の中で暮らしているといってよい。

スーパーに行けば様々な商品が私たちを迎えてくれる。ECサイトで注文を行えば、それが数日も経たずに手元に届く。商品の配達を受け取ることができなかったら当然のように再度運んでもらえる。普段意識することができないこれらの恩恵は、トラック運転手の犠牲のもと享受できていたと言っても過言ではない。安い固定給が当たり前で残業時間で稼がなければ家族を養うことができない、長時間の荷待ちを余儀なくさせられ、契約外にも関わらず重い貨物を手作業で積み込む、こうした問題を正面から解決に取り組んだことに端を発したのが物流2024年問題である。

今まさに、国は非常に多岐にわたる施策をもって解決しようと模索している最中である。民間も追従、あるいは先行する形で着手に乗り出している。

非常に早いスピード感で様々な制度や仕組みがまさに移り変わろうとしている。2024年という年は、まさに“物流革新元年”となり得るかもしれない。

国の手続の専門家である私たち行政書士・海事代理士はこれに乗り遅れずについていく必要があろう。しかし、そもそも物流という分野は専門的な概念が多く、非常に理解しにくいという側面がある。

当然のことであるが、学ぶということは基本事項の積み重ねである。小学校の算数にしたって加算がわからなければ乗算の本質は見えない。乗算がわからなければ積分の本質など理解できるわけがない。

そこで、本書においては物流分野の初学者がこの物流2024年問題の解決に着手しても最先端の議論についていけるよう、基本的な事項を盛り込んだ。物流の学習は各種手続法の学習に似ており、概念的な内容が多い。法律の世界であれば明確な定義があるが、物流の世界はそうとは限らない。そこでなるべく概念的な話を掴みやすいよう可視化する工夫を行った。

本書をきっかけにして物流2024年問題に少しでも関心を持っていただければこれほど嬉しいことはない。

2024年７月26日

行政書士　海事代理士
田中　秀忠

監修者のことば

本書では、物流業界が直面する「物流2024年問題」の本質を厳しく見つめ、その根本的な問題点を明らかにしています。

物流2024年問題は、単なる業界の変革・技術の遅れにとどまらず、実際には長年にわたって放置されてきた根本的な管理の失敗や政策の欠如から生じたものであると考えています。実際にこの問題がここまで深刻化する前に、適切な対策や予防策を講じることで「問題」とさせてはいけなかったものでもあります。

物流業界は、急速な技術革新と規制の強化に対応しなければならない状況にあります。業界のリーダーや政策立案者が、問題の早期発見と対策に必要な戦略的視点を欠いた結果、現在のような事態を招いてしまっているともいえます。技術や規制の導入が遅れたばかりか、その対応策が不十分であったことが、問題をさらに深刻にしています。

本書では、物流業界がどのようにして本来回避できたはずの問題に直面しているのかを分析しています。また、これからの対応策についても、表面的な改善に留まらず、根本的な対応が必要であることを提案しています。

2024年という年は、物流業界にとって変革の年であると同時に、過去の失敗の結果を直視し、再発防止に向けた真摯な取り組みを始めるべきときでもあります。本書が、そのための一助となり、業界全体が持続可能な未来に向けた道を切り開くための指針となることを祈念してやみません。

2024年７月26日

行政書士

伊藤　浩

法令名について

本書において、各種法令を次のような略称を用いる。

本書の略称	正式名称
労基法	労働基準法（昭和二十二年法律第四十九号）
改善基準告示	自動車運転者の労働時間等の改善のための基準（平成元年労働省告示第７号）
指針	労働基準法第三十六条第一項の協定で定める労働時間の延長及び休日の労働について留意すべき事項等に関する指針
フリーランス法	特定受託事業者に係る取引の適正化等に関する法律（令和五年法律第二十五号）
道交法	道路交通法（昭和三十五年法律第百五号）
道交令	道路交通法施行令（昭和三十五年政令第二百七十号）
貨物法	貨物自動車運送事業法（平成元年法律第八十三号）
貨安則	貨物自動車運送事業輸送安全規則（平成二年運輸省令第二十二号）
貨報則	貨物自動車運送事業報告規則（平成二年運輸省令第三十三号）
利用法	貨物利用運送事業法（平成元年法律第八十二号）
物効法	物資の流通の効率化に関する法律（平成十七年法律第八十五号）
省エネ法	エネルギーの使用の合理化及び非化石エネルギーへの転換等に関する法律（昭和五十四年法律第四十九号）

目　次

第 1 章

物流2024年問題

1 物流2024年問題とは

物流2024年問題とは、トラック運転手について労働時間の法定上限が施行されたことによって生じる問題の総称である。

この背景には、日本は長時間労働を是とする風潮がかつて存在していたことが挙げられる。2017年の労働政策審議会[1]においても「20年間で一般労働者の年間総実労働時間[2]が2000時間を上回る水準で推移している状況である」との報告がなされている。

長時間労働問題による弊害は多数想定されるところではあるが、同労働政策審議会の中で「健康の確保だけでなく、仕事と家庭生活との両立を困難にし、少子化の原因や、女性のキャリア形成を阻む原因、男性の家庭参加を阻む原因になっている」という報告がなされている。さらに、「長時間労働を自慢するかのような風潮が蔓延・常識化している」[3]との指摘もなされている。

ワーク・ライフ・バランスの改善、ひいては企業の労働生産性向上という課題は、日本全体の問題として避けては通れない命題であったことは間違いない。

日本の高度経済成長期に生まれた「モーレツ社員」という言葉に代表されるように、自身や家庭を顧みることが悪という社会構造からどうにかして転換する必要があった。

こうした状況の中、仕事と生活の調和のとれた働き方を広げることが国の喫緊の課題と定められ、当時の安倍内閣の主導により働き方改革が推進されていくこととなった。

働き方改革は「一億総活躍社会実現」をスローガンとして、2016年に働き方改革実現会議の設置、2017年に働き方改革実行計画の策定、そし

1　労働政策審議会「時間外労働の上限規制等について（報告）」（労審発第921号平成29年６月５日）、2017

2　厚生労働省『令和５年版過労死等防止対策白書』、2023

3　働き方改革実現会議「平成29年３月28日働き方改革実現会議決定」、2017

て2018年に働き方改革関連法が成立と文字通り強力に推し進められていった。

働き方改革関連法については、年次有給休暇の取得義務化、労働者の公正な待遇確保など多岐にわたる内容ではあったが、長時間労働問題に対応した罰則付き時間外労働の上限規制という内容も盛り込まれていたわけである。

前述の通り、これまで日本は長時間労働を是とする風潮すらあったわけであるが、この点について一度に改革を行うと急激な変化に対応できない企業が続出することを想定したのであろう。2019年から一般企業、次いで2020年より中小企業へと順次施行される運びとなった。

そして、自動車運転業、建設業などいくつかの分野は５年間の猶予期間が設けられた。特に長時間労働になりやすい業種であるという点が配慮されたのである。しかし、いよいよその猶予期間が終了した。2024年４月１日より猶予されていた自動車運転業についても罰則付き時間外労働の上限規制の法改正が適用されることとなった。

2 トラック業界の特殊性

物流業界、特にトラック業界によって日本の社会インフラは支えられていたことについて異論はないだろう。私たちの生活はもちろん、社会経済をトラック業界は支え続けている。

2022年度の国土交通省の統計によれば、国内輸送における輸送トン数別で見た分担率は自動車が91.41％、内航海運が7.67％、鉄道が0.91％、航空が0.01％である（**図１**）。

かつて1960年代頃まで遡れば、鉄道の割合も一定数のシェアを占めていたが、1980年代頃以降、概ね現在の分担率を維持している。日本における物流の根幹は現在に至ってなおトラックなのである。

しかし、トラック運転手について、これまで長時間労働が常態化しているのが実態であった。その原因としては、例えば「荷待ち時間問題」

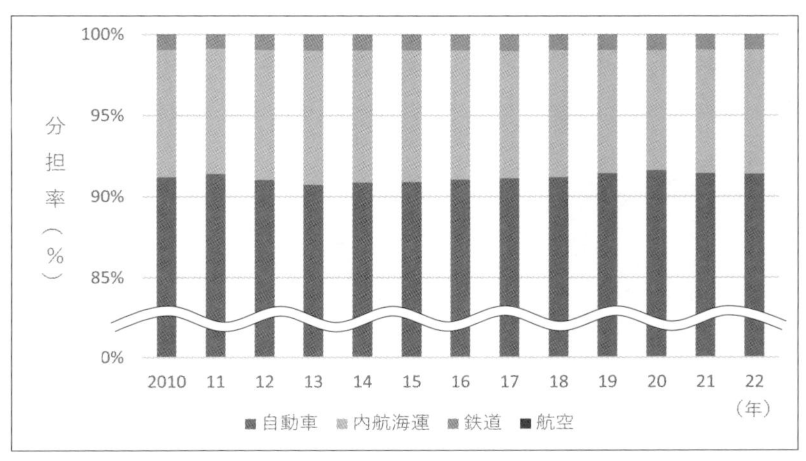

図１　輸送機関別の国内分担率（輸送トン数）（「自動車輸送統計調査2022」、「内航船舶輸送統計調査2022」、「鉄道輸送統計調査2022」、「航空輸送統計調査2022」より作成）

を挙げることができる。これまでトラックによる運搬業務において、荷主サイドの都合によってトラック運転手サイドに待機時間が生じることが多く見受けられた。１運行あたりの手待ち時間の分布は平均１時間45分、２時間超が28.7%、１時間超で見れば55.1%を占めているとされる[4]。

当然ながら、このことはトラック運転手の年間労働時間の増大につながる。厚生労働省の統計[5]によれば、2022年の全産業平均が2,124時間であるところ、大型トラック運転手は2,568時間、中小型トラック運転手は2,520時間であるとされ、全産業平均からしても20%ほど高い水準が近年続いている。

長時間労働が続けば健康上何らかの問題が生じてしまうのは想像に難くないところである。

厚生労働省は毎年「脳・心臓疾患の請求件数の多い業種」について労

4　国土交通省「第１回　貨物軽自動車運送事業適正化協議会　配布資料１」、2023

5　厚生労働省「賃金構造基本統計調査」、2023

災補償状況に関する統計データを公表している[6]。2009～2022年までの道路貨物運送業（運送業）・道路旅客運送業（運送業）・総合工事業（建築）・設備工事業（建築）の４分野についてまとめると次の通りである（**図２**）。

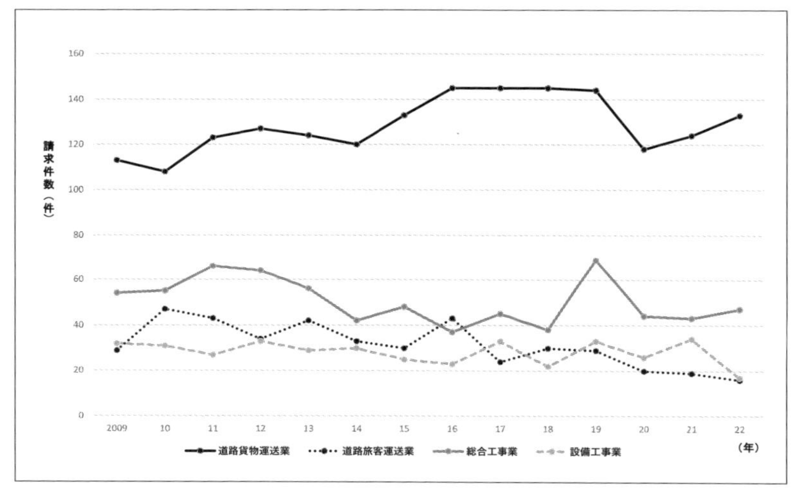

図２　脳・心臓疾患の請求件数の多い業種（厚生労働省「過労死等の労災補償状況（請求件数）」平成20年～令和４年より作成）

建設業は前述した５年間の猶予期間が設けられた分野の一つであるが、いかにトラック運転者が苛酷な労働環境下にあったかを垣間見ることができる。2009年以来、全ての業種の中で、道路貨物運送業が郡を抜いてトップに君臨し続けているのである。

なお、過労死等の認定にあたって、2021年に厚生労働省の脳・心臓疾患の労災認定基準が20年ぶりに改正された[7]。

6　厚生労働省「過労死等（脳・心臓疾患及び精神障害）に係る労災補償状況」、2023

7　厚生労働省「血管病変等を著しく増悪させる業務による脳血管疾患及び虚血性心疾患等の認定基準について」（基発0914第１号令和３年９月14日）、2021

本改正について特筆すべき点は、従前の一定期間の長時間労働に加え、これに近い時間外労働として負荷要因も考慮対象とされた事である。

対象となった時間外労働は「発症前１か月に100時間を超える」または「発症前２～６か月間平均で月80時間を超える」、そして「月80時間の水準には至らないがこれに近い」場合である。特にこれらの時間に至らなかった場合であっても、「労働時間以外の負荷要因」が考慮され、業務と発症との関係が強いと評価できることが明確化された。

この負荷要因について、特筆すべき点は次の通りである。

①勤務時間の不規則性
　拘束時間の長い勤務、休日のない連続勤務、勤務間インターバルが短い勤務、不規則な勤務、交替制勤務、深夜勤務
②事業場外における移動を伴う業務
　出張の多い業務、その他事業場外における移動を伴う業務
③心理的負荷を伴う業務
④身体的負荷を伴う業務
⑤作業環境
　温度環境、騒音

トラック運転者の実際の勤務状況を考えてみたとき、これら負荷要因が全く当てはまっていないといえるだろうか。

従業員が家族を遺して過労死となってしまう悲しい事件は１件でも減らすべきであるし、企業目線としても人的資源の喪失、そしてその後の訴訟リスクの増大にもつながる。そうした意味でもトラック運転者の長時間労働問題の改善に真剣に取り組む必要があるといえよう。

3 トラック業界の人材不足問題

トラック運転者の常態化した長時間労働という背景のなか、トラック業界は深刻な人材不足に陥っている。

「３Ｋ」という言葉を聞いたことがあるだろうか。

従来、「３Ｋ」という言葉は就職活動を行う学生などの間で「きつい」「汚い」「危険」という意味合いで使用されている用語であるが、こと物流業界においても同様であり敬遠される傾向が顕著になってしまっている。

事実、国土交通省の発表した資料[8]によれば、2021年における有効求人倍率[9]は全職業（パート含む）が1.1倍であるのに対し、貨物自動車運転手は2.0倍となっている。求人数が申込件数を大きく上回ってしまっており、これは企業サイドの採用難易度が難しいことを意味する。

さらに日本全体としての少子高齢化問題がこれに拍車をかける。

日本は現在65歳以上の人口が21％を超えた超高齢社会と呼ばれる時代に突入している。当然、労働者人口割合も日本全体として相対的に減少しているわけであるが、当然、トラック業界も他人事ではない。

総務省統計局が発表した職業従事者の年齢割合を見てみると次の通りである（**図３－１、図３－２**）。

全産業については概ね全年齢層が10％で推移しており、45歳以上の割合は55.9％である。一方、輸送・機械運転従事者の45歳以上の割合は73.8％を占めている。

採用難易度の高さ故の担い手不足の問題、そしてトラック運転者の高齢化、トラック業界は人的資源の側面から重大な局面を迎えているといえよう。

8　国土交通省「貨物輸送の現況について（参考データ）」、2023

9　求人倍率とは、求職者数に対する求人数の割合をいい、「新規求人数」を「新規求職申込件数」で除して得た新規求人倍率と、「月間有効求人数」を「月間有効求職者数」で除して得た有効求人倍率の２種類がある。（厚生労働省）

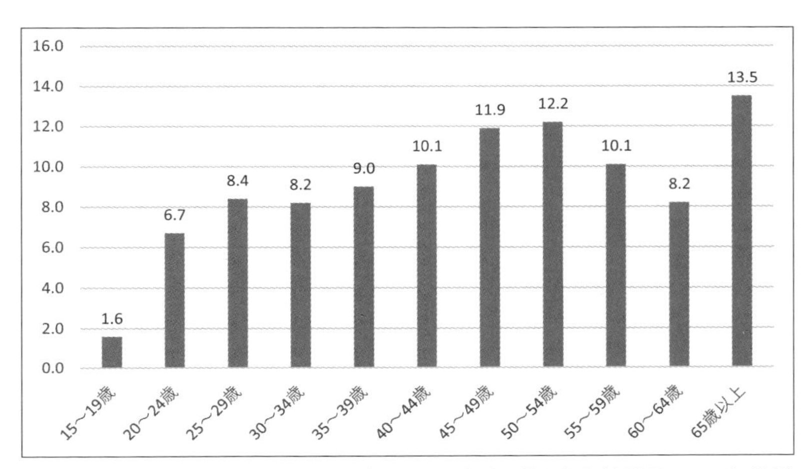

図３－１　職業別就業者（全産業）の年齢割合（総務省統計局2023年労働力調査より作成）

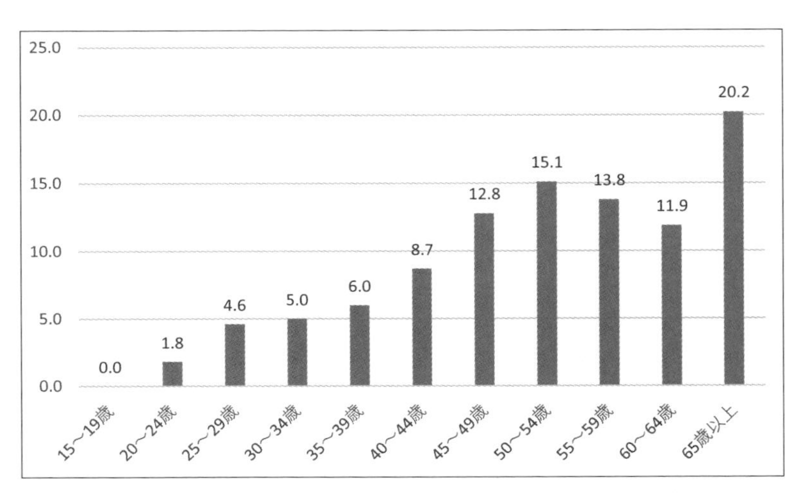

図３－２　職業別就業者（輸送・機械運転従事者）の年齢割合（総務省統計局2023年労働力調査より作成）

4 日本の物流崩壊の懸念

前述の通り、国内輸送におけるトラック業界の重要性は極めて高いわけであるが、深刻な人材不足に加えて2024年４月１日よりトラック運転者への時間外労働の上限規制が施行されたことによって、国内の物流が崩壊してしまうのではないかと危惧されている。

国土交通省の発表[10]によれば、具体的な対応を行わなかった場合、2019年度の貨物輸送量と比較して、発荷主別の不足する輸送能力は、以下のように試算されている（**図４**）。

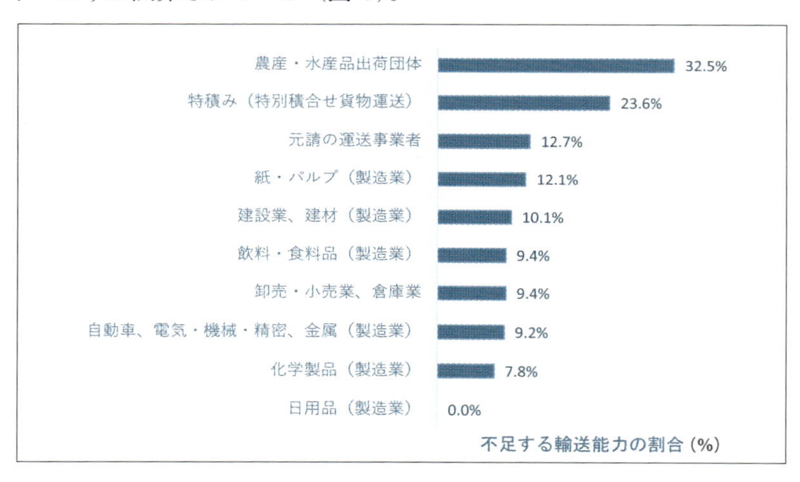

図４　発荷主別の不足する輸送能力（持続可能な物流の実現に向けた検討会「中間とりまとめ」（2023年２月）より作成）

現在、物流業界は危機的状況と言っても過言ではない。国内の物流が崩壊すれば、私たち国民生活はもちろんのこと、地域の経済活動までも滞ってしまうだろう。トラック業界のみならず、周辺のステークホルダーを含め日本全体の問題として変革が迫られている。

これが、現在抱えている「物流2024年問題」の中心となる課題である。

10　国土交通省「持続可能な物流の実現に向けた検討会 中間とりまとめ」、2023

第2章

トラック業への
時間外労働の上限規制

 70年ぶりの労働基準法大改革

安倍内閣の推進した働き方改革関連法が2018年に成立し、2019年から一般企業に対し、2020年より中小企業に対して順次施行されていった。同法によって見直された内容としては勤務間インターバル制度に関するもの、割増賃金率引上げに関するもの、フレックスタイム制に関するもの、高度プロフェッショナル制度に関するものと多岐にわたる。

ここでは労働時間の上限規制に関するものについて述べる。

労基法における時間外労働の上限について、従来、「36協定（さぶろくきょうてい）」の締結が必要であったが、年間上限について定められていなかった。行政指導の対象となる余地はあったとはいえ、実質的に青天井であった。

この点について、罰則付きの上限が法律に規定されたということにおいて非常に大きな是正がなされたといえる。労基法が制定されたのは1947年であるが、以来70年間にわたって初めての改正なのである。

2 時間外労働上限の一般則

まず、労基法により法定労働時間が定められており、１日８時間・１週40時間とされている（労基法第32条）。この法定労働時間を超えて労働をさせる場合について「時間外労働」という。

この時間外労働を仮にさせたい場合については労基法第36条に基づく労使協定（以下、「36協定」という。）を締結し、労働基準監督署長への届出の手続を行う必要がある（労基法第36条第１項）。

この36協定がある場合の時間外労働については限度時間が定められており、月45時間・年360時間が原則とされる（労基法第36条第４項）。この時間外労働時間が先の法定労働時間に上乗せされて法律による上限になるという考え方を原則としているのである。

そして、その例外として労使の合意を得て「通常予見することのできない業務量の大幅な増加等に伴い臨時的に」この限度時間を超えて労働

させる定めを置くことが認められている（労基法第36条第５項）。ただし、この場合であっても年720時間以内、複数月平均80時間以内、月100時間未満といった制限はかかる（労基法第36条第６項）。なお、原則的な限度時間の月45時間を超えることができるのは、年間６か月までとされている（労基法第36条第５項）。

これら労基法第32条及び第36条第６項について、明確に罰則が設けられたのも今回の改正のポイントであるといえる（労基法第119条第１号）。

以上は一般則であるが、参考までに巻末の付録⑴で関係条文を掲載する。

３ 自動車運転業における時間外労働上限の特則

働き方改革関連法が成立して一般企業や中小企業に対して先行する形で施行された。しかし、いわば長時間労働が常態化していた一部の業界について、突然制度改革へと舵を切る事による混乱を懸念してのことであろう。自動車運転の業務、建設事業、医師、鹿児島及び沖縄県における砂糖製造業といった分野について改正法適用が５年間見送られた。そして、2024年４月１日に適用が開始されたことにより、時間外労働の上限規制について一連の適用が完了したことになった。

ここでは自動車運転業における時間外労働上限について述べる。

まず、ひとえに自動車運転業といっても法令上の区分としては多岐にわたる。対象とされる分野は一般乗用旅客自動車運送事業、貨物自動車運送事業、一般乗合旅客自動車運送事業、一般貸切旅客自動車運送事業その他四輪以上の自動車の運転の業務とされている（労基法施行規則第69条第２項）。

一般則との違いを明確にする必要はあるが、主な相違点は次の通りである（労基法第140条を参照）。

①年720時間ではなく年960時間が上限となる。

②月100時間未満・複数月80時間以内・45時間超は６か月以内という

一般則の規定が適用されない。

非常に大雑把ではあるが、以上の一般則と自動車運転業務の相違点をまとめると次のようになる（**表１**）。

なお、自動車運転業を営む企業であっても運転以外の業務を行う従業員については一般ルールが適用される点は注意が必要である。

一般ルール	自動車運転業務
【法定労働時間】 ・日８時間、週40時間まで	
【時間外労働の上限】 ・年720時間以内 ・複数月平均80時間以内 ・月100時間未満 ・45時間超は６か月以内	【時間外労働の上限】 ・年960時間以内 他、適用なし。

表１　一般則と自動車運転業務の相違点（概要）

以上が自動車運転業務の一般則となるが、参考までに巻末の付録⑵で改正後の労基法の関係条文を掲載する。

４　トラック業における改善基準告示

①　背景

働き方改革関連法によって自動車運転業について通則的な定めが労基法に規定される事になったわけであるが、改善基準告示によって各業界の特則が定められている点にも留意が必要である。

従前、改善基準告示[11]によって企業が遵守すべき事項が定められていた。しかし、1997年に改正が行われて以来、実質的な見直しはなされていなかったのである。

自動車運転業、特にトラック運転手について過労死等の件数が突出し

11　厚生労働省「自動車運転者の労働時間等の改善のための基準」（平成元年労働省告示第７号）、2024

て高いことは前述の通りだが、まさにこの点や脳・心臓疾患に係る労災認定基準の2021年改正が考慮され、改善基準告示の見直しが図られたのである。

改善基準告示の見直しにあたっては労働政策審議会自動車運転者労働時間等専門委員会によって議論が重ねられてきたが、タクシー運転業・バス運転業・トラック運転業についてそれぞれの特殊性を踏まえて新しく基準が定められることとなった。

改善基準告示は労基法に定められた自動車運転業の一般則をさらに細かく規定している。また、貨安則第３条第４項の規定に基づく事業用自動車の運転者の勤務時間及び乗務時間に係る基準（平成13年国土交通省告示第1365号）への引用もなされている。

労働基準監督機関と地方運輸機関との相互通報制度も存在し、改善基準告示違反については双方からの行政指導の対象になる可能性がある。また、過労運転による事故が多発すれば、顧客からの信頼の失墜につながり、さらには許可取消処分により事業が継続できなくなる可能性すらある。その意味においても遵守する必要性はあるだろう。

以下、トラック運転業における改善基準告示についてポイントとなる基本事項に絞って解説を行う。

② 対象となる労働者

事業の営業形態に関わらず、労働者（労基法第９条）のうち四輪以上の自動車の運転業務に主として従事するものである（改善基準告示第１条第１項）。この点、非常に幅広く適用の余地がある点は留意すべき事項である。

営業用に限らずいわゆる白ナンバー（自家用トラック等）について、例えば、製造業における配達部門の労働者であっても、当該労働者が主として運送業務を行っているのであれば適用される。なお、「主として従事する」とは、現に労働時間の半分を超えており、かつ当該業務に従事する時間が年間総労働時間の半分を超えることが見込まれる場合とされている。

また、個人事業主については労基法における労働者ではないものの、改善基準告示においては適用される点も注意が必要であろう（「貨物自動車運送事業輸送安全規則の解釈及び運用について[12]」第３条３⑴を参照）。

適用除外としては、バイク便等の二輪の運転手であるとか、運転業務に主として従事していない者などが挙げられる。

③　改善基準告示の用語について

改善基準告示には独自の用語や概念があるため、まずはこの点について解説を行う。

「休息期間」とは、終業時刻から始業時刻の間の期間を指す。労働者が使用者からの拘束を全く受けない期間であり、その処分が労働者の自由判断に委ねられている必要がある。例えば、仕事が終わって帰宅し、食事等を行いつつ家族との時間を過ごし、睡眠を取って疲労の回復を図るといった時間である。

「拘束時間」とは、始業時刻から終業時刻の間の時間を指す。労働時間、休憩時間その他の使用者に拘束されている時間である。

「労働時間」とは、作業時間（運転・整備・荷扱い等）、手待ち時間（荷待ち等）を含む時間を指し、拘束時間のうち時間外労働や休日労働についても含まれる。

「休憩時間」とは、拘束時間から労働時間を差し引いた時間を指す。使用者からの拘束を受けている時間ではあるが、労働から離れることを保障された時間である。

拘束時間＝労働時間＋休憩時間

数式化すると上記の通りであるが、１日の拘束時間は13時間以内、休息期間は11時間以上とされ、合計は24時間を基本とすることとされる。

12　国土交通省「貨物自動車運送事業輸送安全規則の解釈及び運用について」（令和６年３月29日国自整第281号）、2024

④　改善基準告示のポイント

2024年４月１日に施行された改善基準告示のポイントをまとめると次の通りである。なお、改善基準告示のほか指針についても十分留意することはいうまでもない。

詳細については該当する厚生労働省のホームページを参照の上、最寄りの労働基準監督署等に問い合わせてみるとよいだろう。

根　拠	概　要
改善基準告示 第４条第１項 第１号～第２号	拘束時間（年・月） 【原則】 １年：3,300時間以内 １月：284時間以内 【例外】①②を満たせば労使協定により延長可能。 ①284時間超は連続３か月まで ②１か月の時間外・休日労働時間数が100時間未満となるよう努める １年：3,400時間以内 １月：310時間以内（年６か月まで）
改善基準告示 第４条第１項 第３号～第５号	拘束時間（日） 【原則】 １日：13時間以内（上限15時間、14時間超は週２回までが目安） 【例外】宿泊を伴う長距離貨物運送の場合（※１） １日：16時間まで延長可（週２回まで）
改善基準告示 第４条第１項 第５号	休息期間 【原則】 継続11時間以上与えるよう努めることを基本 ９時間を下回らない 【例外】 宿泊を伴う長距離貨物運送の場合（※１）、継続８時間以上（週２回まで） 休息期間のいずれかが９時間を下回る場合は、運行終了後に継続12時間以上の休息期間を与える
改善基準告示 第４条第１項 第６号	運転時間 ２日平均１日：９時間以内 ２週平均１週：44時間以内 （従前の改善基準告示から改正なし）

改善基準告示第４条第１項第７号〜第８号	連続運転時間 【原則】 ４時間以内 運転の中断時には、原則として休憩を与える（１回おおむね連続10分以上、合計30分以上） 10分未満の運転の中断は、３回以上連続しない 【例外】 SA・PA等に駐停車できないことにより、やむを得ず４時間を超える場合、４時間30分まで延長可
改善基準告示第４条第３項	予期し得ない事象 予期し得ない事象への対応時間を、１日の拘束時間、運転時間（２日平均）、連続運転時間から除くことができる（※２、３） この場合、勤務終了後、通常どおりの休息期間（継続11時間以上を基本、９時間を下回らない）を与えること
改善基準告示第４条第４項第１号	分割休息（特例） 継続９時間以上の休息時間をを与えることが困難な場合 ・分割休息は１回３時間以上 ・１日の休息時間の合計は、２分割：10時間以上、３分割：12時間以上 ・３分割が連続しないよう努める ・一定期間（１か月程度）における全勤務回数の２分の１が限度
改善基準告示第４条第４項第２号	２人乗務（特例） 自動車運転者が同時に１台の自動車に２人以上乗務する場合 【原則】 身体を伸ばして休息できる設備がある場合、拘束時間を20時間まで延長し、休息期間を４時間まで短縮可 【例外】 設備（※４を満たす車両内ベッド）がある場合、次のとおり、拘束時間をさらに延長可 ・拘束時間を24時間まで延長可（ただし、運行終了後、継続11時間以上の休息期間を与えることが必要） ・この場合、８時間以上の仮眠時間を与える場合、拘束時間を28時間まで延長可

<table>
<tr><td>改善基準告示
第４条第４項
第２号</td><td>隔日勤務（特例）
業務の必要上やむを得ない場合
【原則】
２暦日の拘束時間は21時間を超えず、休息期間は継続20時間以上
【例外】
仮眠施設等で夜間４時間以上の仮眠を与える場合、２暦日の拘束時間を24時間まで延長可（２週間に３回まで）
２週間の拘束時間は126時間（21時間×６勤務）を超えることができない</td></tr>
<tr><td>改善基準告示
第４条第４項
第４号</td><td>フェリー（特例）
フェリー乗船時間は、原則として休息期間（減算後の休息期間は、フェリー下船時刻から勤務終了時刻までの間の時間の２分の１を下回ってはならない）
フェリー乗船時間が８時間を超える場合、原則としてフェリー下船時刻から次の勤務が開始される</td></tr>
<tr><td>改善基準告示
第２条第４項</td><td>休日労働
休日労働は２週間に１回を超えない、休日労働によって拘束時間の上限を超えない</td></tr>
<tr><td colspan="2">※１：１週間における運行が全て長距離貨物運送（一の運行の走行距離が450km以上の貨物運送）で、一の運行における休息期間が、住所地以外の場所におけるものである場合
※２：予期し得ない事象とは、次の事象をいう。ただし、通常予測することができるもの、例えば平常時の状況から予測可能な道路渋滞等は該当しない。
・運転中に乗務している車両が予期せず故障したこと
・運転中に予期せず乗船予定のフェリーが欠航したこと
・運転中に災害や事故の発生に伴い、道路が封鎖されたこと又は道路が渋滞したこと
・異常気象（警報発表時）に遭遇し、運転中に正常な運行が困難となったこと
※３：運転日報上の記録に加え、客観的な記録（公的機関のＨＰ情報等）が必要。
※４：車両内ベッドが、長さ198cm以上、かつ、幅80cm以上の連続した平面であり、かつ、クッション材等により走行中の路面等からの衝撃が緩和されるものであること（トラックの車両内ベッドの設計上の配慮事項等について（令和６年３月18日）、改善基準告示第４条第４項第２号）</td></tr>
</table>

表２　2024年施行改善基準告示のポイント（厚生労働省「自動車運転者の長時間労働改善に向けたポータルサイト」より作成）

第3章

物流の基本

1 物流とは

物流2024問題はトラック業における労働力の問題であると一義的にはいえる。しかし、本質的な対策を考えるのであれば、「物流」への理解は欠かせないため、本章にて簡単な解説を行う。

物流とは一般に「物的流通」の略称である。千葉商科大学教授の大下剛先生の言葉[13]を借りれば次のような定義となる。

> 物流とは、生産された商品を消費者に利用可能な状態にさせるシステム（仕組み）である。
>
> （秋川卓也、大下剛著『はじめて学ぶ物流』３頁より引用）

ここでポイントとなるのは上記の定義においては、「商品」もこれを運ぶ「トラック」も「物流」そのものではないのである。

2020年春、新型コロナウイルス感染症（COVID-19）の世界的大流行を受け、国内でも流行の兆しを見せた。この頃、トイレットペーパーが店頭から消える事態が生じてしまった。

ことの発端は日本国内において「トイレットペーパーは海外で製造しているため、これから不足する」というデマがSNSを中心に拡散されたことのようだ。

経済産業省等の行政、業界団体も対応して「製造は国内で行っており、在庫は不足していない」との発表を行ったものの、騒動は収まらずに全国の小売店でトイレットペーパー等が店頭から姿を消した。

一連の原因についてはバンドワゴン効果[14]など諸説あるようであるが、いずれにしても「在庫はあるものの、店頭での販売に供給が追い付かない」という事態であった。トラック業界の人材不足問題も相まって、

13　秋川卓也、大下剛著『はじめて学ぶ物流』、2023、有斐閣ブックス

14　バンドワゴン効果とは、ある選択肢を多数が選択することにより、当該選択肢を選ぶ選択者が増大していく現象のこと。

品薄の状態が続いてしまったものと見受けられる。

この一連のトイレットペーパー騒動を考えてみると、前述の“仕組み（システム）”と定義されていた物流の意味合いが見えてくる。

トイレットペーパーは98％が国内生産である。その原材料はパルプであるが、その原材料には一般的に国内の古紙や牛乳パックなどを再生して出た繊維からできている。仮に海外で製造するとなると、原材料及び完成品について膨大な輸送コストがかかってしまうだろう。そういう事情によりトイレットペーパーの製造企業は国内の工場にて生産しており、海外にほとんど依存していない。

輸送コストを抑えなければならない理由は完成品の容積の大きさあたりの販売単価の問題である。販売単価の問題から小売企業の店舗にて大量に在庫を予め保管することが難しいことが品薄の状態が続いた要因だ。

トイレットペーパーの品薄問題に対応するためには、トラックの輸送量を増大するしかないのであるが、即座にこれを日本全国規模で対応することは難しかったものと思われる。この点について日本家庭紙工業会は次のような発表[15]を行った。

- ●トイレットペーパー、ティシューペーパーについては殆どが国内工場で生産されており、新型コロナウイルスによる影響を受けず、現在も通常通りの生産・供給を行っております。また原材料調達についても中国に依存しておらず、製品在庫も十分にありますので、需要を満たす十分な供給量・在庫を確保しています。
- ●現在、一部地域では一時的に購入しにくい状況となっておりますが、物流が整い次第、消費者の皆様のお手元に届くようになります。どうぞご安心ください。

『日本家庭紙工業会からのお知らせ』（2020年２月28日）より引用

15　日本家庭紙工業会「日本家庭紙工業会からのお知らせ（2020年２月28日付）、2020

ここで「トラックの本数が確保でき次第」ではなく「物流が整い次第」という表現が用いられている。端的にトラックの台数を増やせばトイレットペーパー品薄問題が解決したわけではないのである。

物流とは「トイレットペーパー」でもなければ「トラック」でもない、「仕組み（システム）」そのものである。

2 輸送モードとは

輸送モードとは、物流における貨物輸送の際に用いる輸送手段をいう。

先に挙げたトイレットペーパーの事例だけを考えても私たちの生活の中で商品が実際に手元に届くまでには何度も輸送を繰り返されて経済活動は支えられている。

例えば、古紙を原材料とするトイレットペーパーであれば、私たちが資源ゴミの日などで古紙や牛乳パックを捨てるところから始まる。

これらは原材料として回収され、加工工場へと運び込まれる。製造されて商品として完成すると、卸売企業などへと運び込まれる。そして小売企業の店舗へと納品され、私たちはようやく購入することができる。

近年、ECサイトをはじめインターネットショッピング分野が成長しているが、その場合であれば通販企業の物流センターから宅配便等を経由して私たちの自宅に届く。

近年、バイクや自転車、ドローンといった輸送手段も見受けられるが、現在においては「トラック輸送」「船舶輸送」「鉄道輸送」「航空輸送」の４つがまだまだ主流であるといえるだろう。

第１章において国内輸送における輸送トン数別で見た分担率の統計を掲載したが、これは「輸送トン数」と呼ばれる指標である（図１を参照）。国土交通省の定義によれば「輸送した貨物の重量をトンで表した数」であるとされる。

郵便局の窓口で封筒の重さを量ったことがあるだろう。端的にどの程度の重量を運んだ総量なのかを把握することができる指標である。

４つの輸送モードにおける輸送トン数の推移は次の通りである（**図５**）。

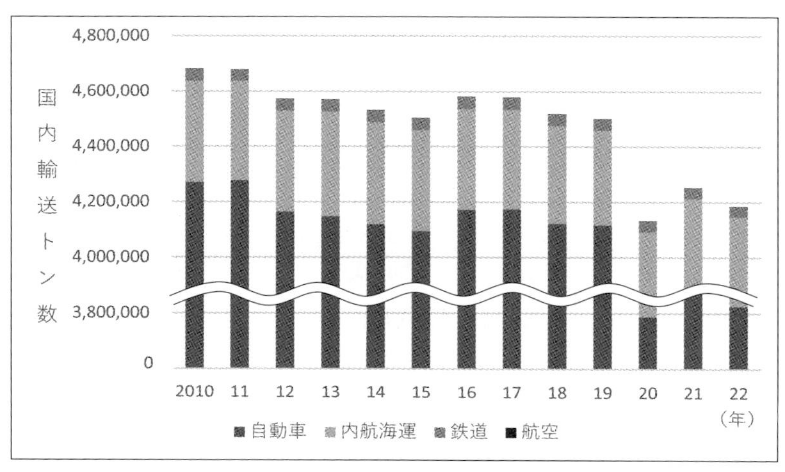

図５　輸送機関別の国内輸送トン数（「自動車輸送統計調査2022」「内航船舶輸送統計調査2022」、「鉄道輸送統計調査2022」「航空輸送統計調査2022」より作成）

国内輸送量の増減は国内景気と直結するため、景気が良くなれば上昇し、悪くなれば減少する傾向にある。1960年代に比べて1990年代は３倍ほど増加しているが、そこからなだらかに減少し、現在の水準へと移行した。その要因は様々なものが考えられるが、1990年代のバブル崩壊期、そして産業構造の中心が第二次産業から第三次産業へと転換したことなどが考えられる。

一方で、「輸送トンキロ数」という指標もある。

国土交通省の定義によれば、「輸送した貨物の重量（トン）にそれぞれの貨物の輸送距離（キロ）を乗じたもの」とされる。物流における輸送活動を考える際には端的に重量だけでなく距離も重要となってくるため、この点について加味した指標である。

４つの輸送モードにおける輸送トンキロ数の推移は次の通りである（**図６**）。

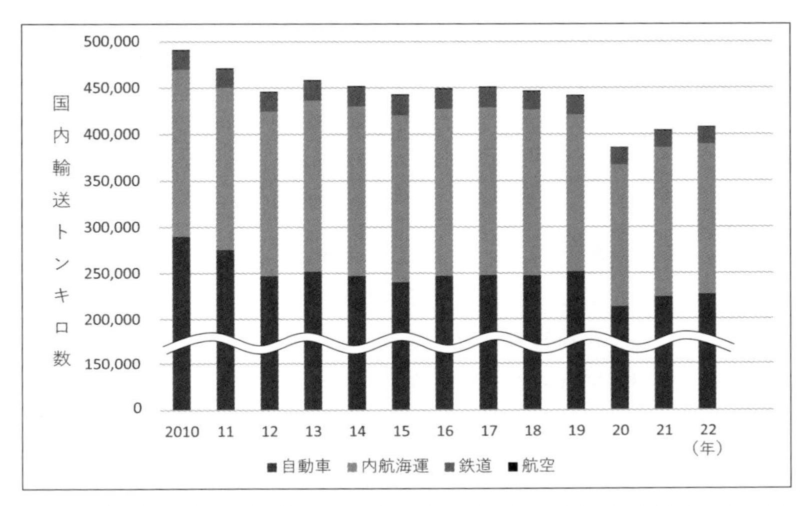

図６　輸送機関別の国内輸送トンキロ数（「自動車輸送統計調査2022」「内航船舶輸送統計調査2022」「鉄道輸送統計調査2022」「航空輸送統計調査2022」より作成）

図５の輸送トン数と比較すると図６の輸送トンキロ数は随分と印象が変わったのではないだろうか。輸送トン数における分担率はトラック輸送がおよそ90％であったが、輸送トンキロ数における分担率はトラック輸送が50％、船舶輸送が40％を占めることになる。この理由は各輸送モードの特徴からきている。

一般にトラック輸送以外の輸送モードは長距離に適する傾向にある。特に船舶輸送は大量輸送・安価な輸送コストという特徴があるが、万能というわけではない。当然ながら船舶は港間の運行しかできず、直接的に貨物を届けることは不可能である。

さらにいえば、船舶輸送は輸送速度が遅いという欠点がある。さらに天候に左右され、時には時化となって運行そのものが不可能という場合もあるだろう。

納期は重要な要素の一つであり、適した注文リードタイム[16]を設定する必要がある。郵便局の「速達」のような要望に対して船舶輸送は不向きであるといえる。

3 各輸送モードの特徴

適切な輸送モードの選択のためには各輸送モードへの理解が必要である。そこで現在主流となっているものについて以下、特徴を述べる。

① トラック輸送

現在、物流において中心となっているのはトラック輸送である。道路さえ開通していれば荷送人から荷受人へと直接届けることができるため、非常に柔軟に対応できることが特徴だ。

かつて1960年代以前の日本において輸送モードの中心は鉄道輸送であった。高速道路を含む日本全国的な道路網の整備、そして鉄鋼を代表とする重厚長大型産業から集積回路を代表とする軽薄短小型産業への1980年代の構造変化に伴って、輸送モードの中心はトラック輸送に置き換わり現在へと至る。

トラック輸送以外の各モードについては基本的には港や駅、空港といった拠点間の輸送のみに限定がかかるため、拠点から先の末端輸送についてはトラック輸送が担当する必要がある。

近年においてはインターネットショッピングを筆頭にEC市場が目覚ましく発展している。2023年の経済産業省の発表によれば、物販系分野の市場規模は2013年の５兆9,931億円規模から2022年には13兆9,997億円規模へと2.3倍の成長を遂げている。今後も宅配需要が重要であることは間違いないと言えるだろう。

② 船舶輸送

海に囲まれている日本は言わずと知れた海洋国家である。日本の領海及び排他的経済水域（EEZ）は約447万㎢と世界第６位の広さを誇る。

16　注文リードタイムとは、消費者が注文してから納品されるまでの時間のこと。

海岸線の長さとしても約３万5,600㎞とこちらも世界第６位である。

日常の生活圏に港でもない限り普段意識することは少ないかもしれないが、実は日本は船舶輸送への依存度が高い。

前述した国内輸送トンキロ数比較において40％ほどの分担率であるが、例えばアメリカでは船舶輸送は10％程度である。

船舶輸送の特徴は、各輸送モードの中で最大の輸送量を誇ることにある。そのため石油、鉄鋼、石炭、化学薬品といった基礎的な産業素材分野で特に多く利用されてきた。

物流2024年問題対策として、後述するモーダルシフトの観点（第４章の１の⑪を参照）から国は船舶輸送を推進していこうとしている点で今後の動向に注目が必要である。

一方、船舶輸送の最大の弱点は前述の通り輸送速度が遅いことである。特に航海は天候に大きく左右されるという特徴があり、タイミング次第ではそもそも航海が全くできない場合もあるだろう。注文リードタイムの観点からはどうしてもトラック輸送と比較して見劣りしてしまう。

この点、モーダルシフトを推し進めるというのであれば、EC市場拡大による雑貨分野に対応できる高速船の開発、輸送時間及び荷役時間の短縮化を図っていく必要があるといえる。

船舶輸送の問題点としてはトラック運転手以上の深刻な人手不足問題が挙げられる。2024年の国土交通省の発表[17]によれば2023年度の月間報酬平均は549,243円であり、船員の賃金は優遇されている。それにも関わらず2023年度の有効求人倍率[18]は4.48倍である。モーダルシフトの推進にあたって、この点は大きな課題である。

③　鉄道輸送

鉄道輸送は輸送トン数、輸送トンキロ数どちらも分担率は低い水準を

17　国土交通省「船員労働統計」、2023

18　国土交通省「船員職業安定年報令和５年」、2023

維持している。前述の通り戦後まもない1950年代頃までは主流であったものの、トラック輸送の発展とともに分担率は下落していった。

しかしながら、今なお一定数の役割を担っている。特に現代では、コンテナの標準化が図られており、トラック輸送や船舶輸送との連動が強化されている。また、生鮮品用に冷凍コンテナ、石油等の液体用にタンクコンテナなどの専用コンテナも登場している。

鉄道輸送は船舶輸送と同様に大量輸送に適しており、特に鉄道輸送は輸送速度が速いことがメリットである。欠点としては、船舶輸送と同様に拠点間、特に通常の旅客駅ではなく貨物ターミナル駅を使用する必要があるという制約がある。また、鉄道輸送は日本貨物鉄道株式会社（JR貨物）が中心であるところ、旅客中心の運行スケジュールが組まれるため、この点についても貨物輸送は制約がかかっているといえる。

神奈川県川崎市は人口増加などによる廃棄物の急増を背景として1990年に「ごみ非常事態宣言」を発令し、新しいごみ処理施設の整備に至った。輸送モードとしては鉄道が選択され、現在に至るまで「ごみ輸送列車」として廃棄物や残土の輸送を続けている。

2011年よりヤマト運輸株式会社及び京福電気鉄道株式会社は、路面電車を利用した集配サービスを開始している。この取り組みは後述するモーダルシフトの一環であり、今後益々重要になるだろう。

④　航空輸送

航空輸送は代表的な４つの輸送モードのうち圧倒的に分担率が低い。理由はその最大積載量が限定されていること、そして利用するための輸送費用が高いためである。

航空輸送は大量輸送が得意な輸送モードではない。一方で、その輸送速度が極めて速いことが最大のメリットである。また、破損や盗難リスクが低いということも他の輸送モードに比して優れているといえる。

そのため、例えば半導体製品、生鮮品、絵画や彫刻といった貴重品などの高付加価値商品を中心として、貨物輸送は航空会社にとって収益の一つとされている。

確かに輸送費用は他の輸送モードと比して高額になる。しかし、物流における費用は輸送費用だけの問題ではない。輸送速度の速さはときに在庫処理速度や倉庫維持費用削減に貢献し、結果として物流全体としての費用削減につながる可能性がある。このような考え方を「トータルコストアプローチ」という。

物流2024年問題とはトラック運転手の労働時間削減が直近の課題ではあるが、その解決のためには物流全体としての生産性改善が望まれるところである。

輸送モードの選択について単純な輸送モードそのものの輸送費用だけではなく、輸送時間、荷役時間、倉庫費用、そしてそれに伴う人件費の最適化が必要であり、物流2024年問題対策としてもトータルコストアプローチは重要になってくる。

4　輸送コストと物流センター

前項で解説したトータルコストアプローチは、いわば物流全体の費用の最適化である。この点について若干の解説を加える。

まず、輸送コストの問題である。

輸送トンキロ数とは「貨物重量×輸送距離」で算出され、各輸送モードの輸送活動規模を考える上で重要な指標であった。同じ10kgの段ボールを東京都豊島区から同じ東京都内の渋谷区への運送と、東京都豊島区から北海道への運送が同じ輸送活動とはいえないだろう。輸送コストはこの概念に近い。

例えば、トラック１台を100万円で貸し切ったとしよう。いくら載せても金額は変わらないトラックである。トラックの荷台に10箱のダンボールを積んだとして、この場合１箱あたりの輸送単価としては10万円となる。同じサイズのダンボールを100個積んだ場合はどうだろうか。その場合、ダンボール１箱あたりの輸送単価としては１万円となるだろう。

このように、輸送コストは積載量が増えれば、その重量あたりの輸送コストは小さくなる関係にある。船舶輸送は４つの輸送モードの中で最大の積載量を誇るため、相対的に輸送コストを最も小さくすることが可能である。

この「まとめたら安くなる」という考え方が、物流の面白い特徴ともいえるだろう。

ところで、物流とは「システム（仕組み）」と本書では定義付けを行った（23頁を参照）。

非常に大雑把な表現ではあるが、「まとめたら安くなる」という考え方をシステムとして実践させるのが物流センター大きな効力といえるだろう。このことを図示すると次のようになる（**図７**）。

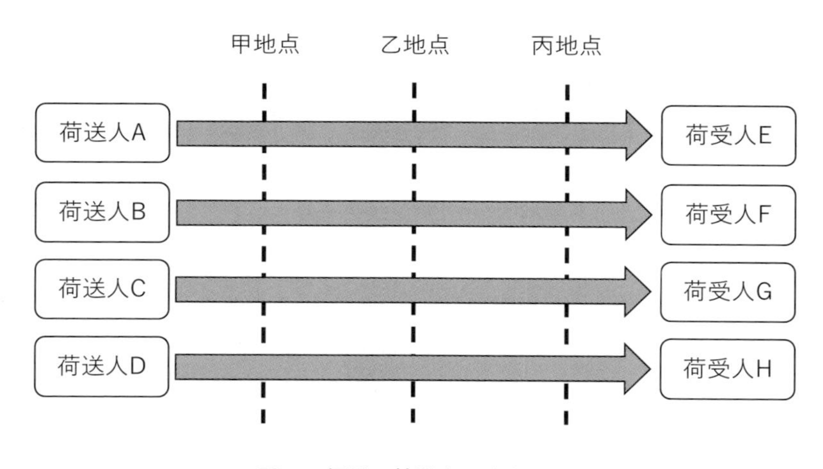

図７　個別に輸送をしたケース

先ほどのダンボール事例に即していえば、それぞれ荷送人Ａ～Ｄは個別にトラックをそれぞれ100万円で準備して10個のダンボールを荷送人Ｅ～Ｈへと輸送することになる。もちろん、１箱あたりの単価はそれぞれ10万円となる。

次に甲地点と丙地点にそれぞれ物流センターを設けた場合を考えると

次のようになる（**図８**）。

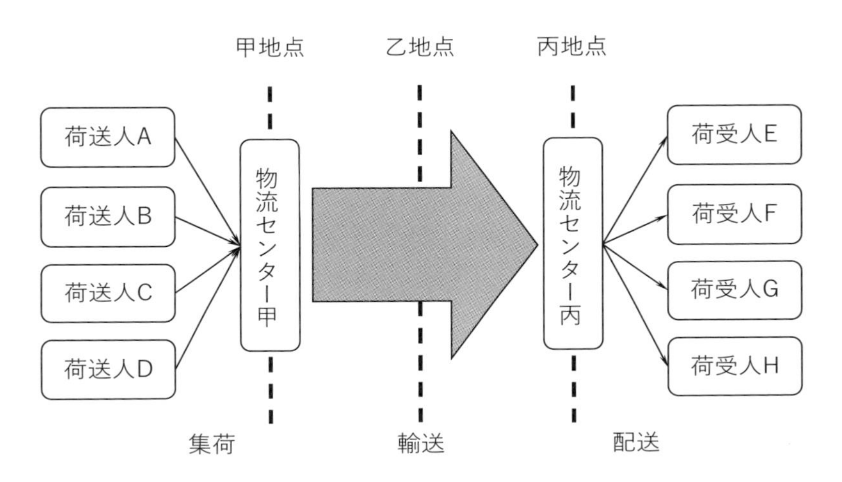

図８　物流センターを経由した場合

図７の例だと荷送人Ａ～Ｄはそれぞれ個別にダンボール10箱を輸送していたわけだが、図８の例だと少なくとも甲～丙間の輸送については40箱のダンボールをまとめて輸送している。もちろん、荷送人Ａ～Ｄから物流センター甲までの集荷、そして物流センター丙から荷受人Ｅ～Ｈまでの配送はそれぞれなされるのでその点の輸送費用はかかる。

輸送コストから見ると40個よりは1,000個の方が重量あたりの単価は安くなり、甲～丙間の距離が遠ければ遠いほど単価は安くなる関係であるといえる。

このような図８のシステムは「ハブアンドスポーク（Hub and Spoke）」と呼ばれる方式である。大規模拠点であるハブ（物流センター甲）にＡ～Ｄから貨物を集中させて物流センター丙まで一気に輸送を行い（甲～丙間）、そして各スポーク（Ｅ～Ｈ）へと貨物を分散させる。特にこの方式は長距離間の混載輸送に適する基本的な物流ネットワークといえる。混載輸送とは、宅配便が代表的であるが、複数の顧客（Ａ～Ｃ）の貨物を一気に輸送する方式である。

その他、甲乙間のみ船舶輸送を採用するなど輸送モードの適切な選択を行うといったことが可能となる。

専用の物流センターを設置することの恩恵は他にも、在庫管理の容易性から各店舗の欠品リスクを回避したり、荷役やピッキング、梱包といった作業効率化を図ったりすることが可能となる。ただし、物流センターを設置すれば手放しでよいかというと、そう話は簡単ではないのが難しいところである。

設備や人件費といった先行投資の側面から固定費[19]が増大する等のデメリットも存在する。

2014年9月1日にサミットストアがネットスーパー事業のサービスを終了した。国内におけるネットスーパーは2000年に西友、2001年にイトーヨーカ堂と先行的に開始され、2009年にサミットストアも同サービスを開始し、2014年のサービス終了に至る。なお、その後2022年10月にネットスーパーを再開している。

先行企業の多くは物流センターを設置しない「店舗型」であった。この類型は既存の店舗の設備を活用するため、新規の倉庫施設や冷蔵施設の準備といった初期投資にかかる固定費を削減できるという点がメリットである。

一方で当時サミットが採用したのは「センター型」であった。サービス撤退の要因としては「配送料無料のコスト負担増」「アクティブな利用者数の不足」「センター稼働率の悪さ」などがあったのではないかと言われている。

特に物流センターを新規に立ち上げる場合のメリットは前述の通り大量輸送によるコスト管理にあるが、そのメリットを享受するだけの受注件数に達していなかったのではないか。

---

19 固定費とは、経費のうち売上高の増減に関わらず常に発生する費用のこと。例えば、人件費、減価償却費、店舗の家賃など。一方、変動費とは、売上高に比例して増減する経費のこと。例えば、原材料費、販売手数料、外注費など。一般に「売上高＝変動費＋固定費＋利益」の関係にある。

受注件数が少ない状態であれば１件あたりの単価が大きな削減につながることはないだろうし、逆に先行投資による固定費の大きな増加が経営を圧迫することにつながる可能性がある。慎重な経営判断が必要なことは言うまでもない。

5 物流機能の基本

そもそも物流にはどのような機能があるのか。

日本産業規格（以下、「JIS（Japanese Industrial Standards）」という。）において、「物資を供給者から需要者へ、時間的及び空間的に移動する過程の活動。一般的には、包装、輸送、保管、荷役、流通加工及びそれらに関連する情報の諸機能を総合的に管理する活動。（JIS Z 0111：2006／番号1001）」と、物流は定義されている。

当該JISの定義に明記されているように、一般に⑴包装、⑵輸送、⑶保管、⑷荷役、⑸流通加工、⑹情報管理―これら６つの機能があると言われている。

概念的であるが、物流機能を図示してみると次のようになる（**図９**）。以下、６つの物流機能について簡単に見ていこう。

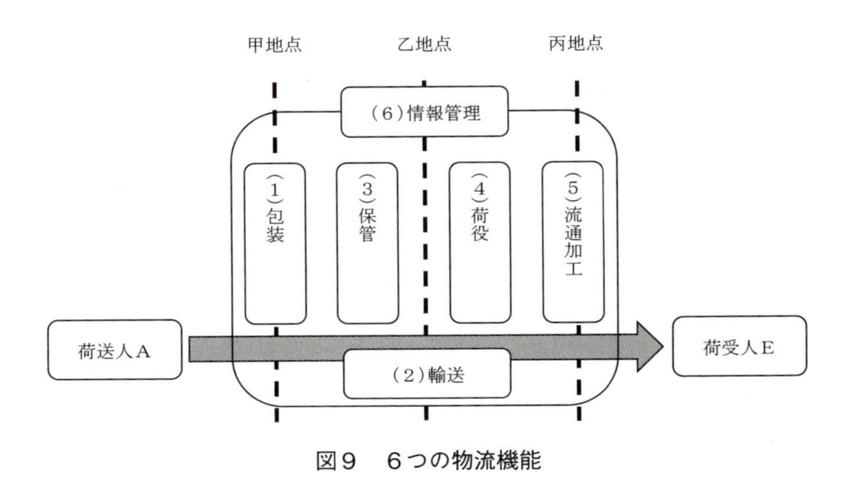

図９　６つの物流機能

①　包装機能

包装は、JISの定義では「物品の輸送、保管、取引、使用などに当たって、その価値及び状態を維持するために、適切な材料、容器などに物品を収納すること及びそれらを施す技術、又は施した状態。これを個装、内装及び外装の３種類に大別する。パッケージングともいう（JIS Z 0111：2006／番号2001）」とされる。

個装、内装及び外装については、実際の商品で考えてみるとイメージしやすい（**図10**）。例えば、お菓子を１つずつ包装したもの（個装）を何個も入れて商品とし（内装）、そしていくつかの商品をまとめたもの（外装）を納品するという光景を目にしたことはあるだろう。

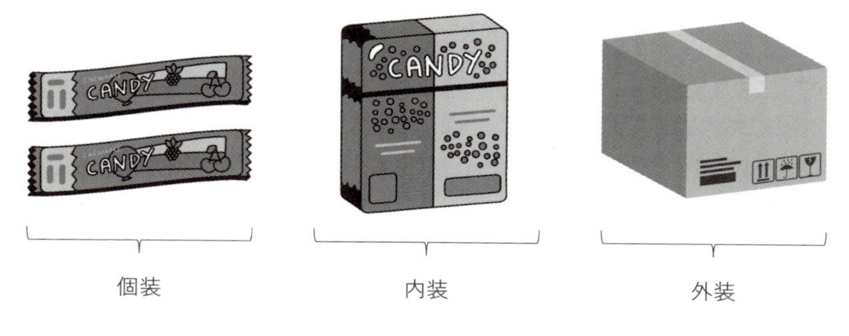

図10　個装、内装及び外装

②　輸送機能

輸送は、JISの定義では「貨物をトラック、船舶、鉄道車両、航空機、その他の輸送機関によって、ある地点から他の地点へ移動させること。（JIS Z 0111：2006／番号3001）」とされる。

図８のように、集荷→輸送→配送という一連の流れにより、貨物を荷送人から荷受人に届ける機能である。

輸送量、距離、そして頻度を適切に評価し、適切な輸送モードを選択することが重要である。

③　保管機能

保管は、JISの定義では「物資を一定の場所において、品質、数量の保持など適正な管理の下で、ある期間蔵置すること。(JIS Z 0111：2006／番号4001)」とされる。

「保管」と聞くと倉庫業法上の倉庫業を喚起するかもしれないが、ここでいう「保管」とは自社製品をプールしておく等の活動も含まれるため、その意味で広義である。特に供給者と需要者の時間を埋めることができ、商品価値の維持ができるなどの役割を担っている。

また、輸送モードの切り替え（トラック輸送→船舶輸送など）であるとか、前掲図８のハブアンドスポーク方式や一括受注・一括納品を行う場合などでは貨物の待機時間が一時的に発生する。この場合にも保管が必要となる。

効率的に保管を行うため、空間活用であるとか効率的な荷役であるとか様々な工夫がなされている。

作業効率を上げるための工夫の一つとして、「パレット」と呼ばれる板のような形状の荷役台が使用されている（**図11**）。

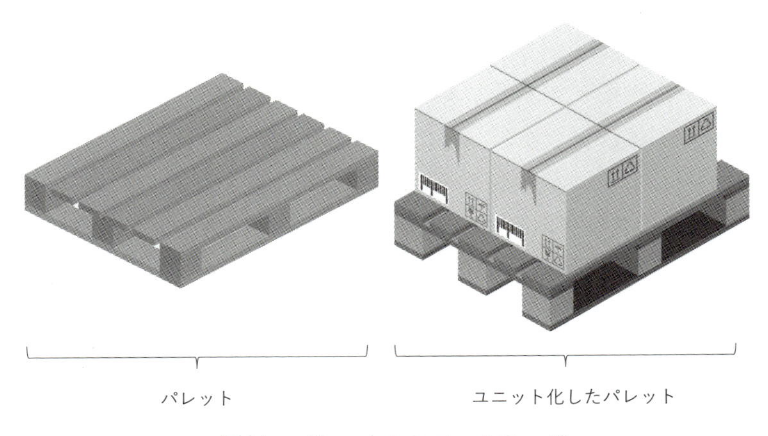

図11　パレットとユニットロード

特にパレットを活用することでフォークリフトなどの荷役機械を活用

することができる。次項の荷役機能においては手作業による積込み・積卸し作業について荷役機械の導入が生産性向上の鍵といえる。

パレットは「ユニットロードを推進するために用いられ、物品を荷役、輸送、及び保管するために単位数量に取りまとめて載せる面をもつもの。上部構造物をもつものを含む。(JIS Z 0111：2006／番号1011)」と、JISでは定義されている。

ユニットロードとは、複数の貨物をパレットやコンテナなどにより1つの単位としてまとめた貨物である。より多くの貨物をユニットロードとすることにより、荷役の機械化を促進するなど効率化を図ることが可能となる。

ユニットロードのメリットとしては、前述の作業効率化や省力化、パレットやコンテナを利用することにより破損等の防止などが挙げられる。一方で、貨物単位の重量が増大するため荷役機械やそれに対応できる設備が必要となる点などが一般に言われるところだ。

④ 荷役機能

荷役（にやく）のJISにおける定義は「物流過程における物資の積卸し、運搬、積付け、ピッキング、仕分け、荷ぞろえなどの作業及びこれに付随する作業。マテリアルハンドリングともいう。(JIS Z 0111：2006／番号5001)」である。特にこれらの作業を効率化するための機械のことを「マテハン機器」といった呼び方をする。前述したフォークリフトのほか、ベルトコンベア、自動倉庫、ピッキングロボットなどが挙げられる。

その他、荷役に関するJISの定義は、それぞれ以下の通りである。

積卸しとは、「輸送機器などに対して物品を積み込む作業及び取り卸す作業（JIS Z 0111：2006／番号5003)」である。

運搬とは、「物品を比較的短い距離に移動させる作業（JIS Z 0111：2006／番号5002)」である。

積付けとは、「物品を規則正しく積み上げる一連の作業（JIS Z 0111：

2006／番号5004)」である。特に、パレットに物品を積み付ける作業のことをパレタイズ、この作業を機械化したものをパレタイザという（JIS Z 0111：2006／番号1014)。また、パレットに積み付けられた物品を取り卸す作業のことをデパレタイズ、この作業を機械化したものをデパレタイザという（JIS Z 0111：2006／番号1015)。

ピッキングとは、保管場所から必要な物品を取り出す作業（JIS Z 0111：2006／番号5007）である。物品を取り出すと言ってもその業態によって様々な手法があり、例えば通販会社であれば指示書に従って保管されている商品を探す「オーダーピッキング」と呼ばれる手法が一般的である。一方、少ない種類で少ない発送先という条件であれば発送先でまとめる「トータルピッキング」と呼ばれる手法が用いられる。特に現在では「デジタルピッキング」と呼ばれる手法が用いられている。貨物に貼り付けられたバーコードをスキャンし、貨物を取り違えた場合にエラー音が鳴るといった機能もあり人的ミスを防ぎつつ、作業効率を上げることができる。

仕分けとは「物品を品種別、送り先方面別、顧客別などに分ける作業(JIS Z 0111：2006／番号5009)」である。

荷ぞろえとは「出荷する物品を輸送機器にすぐ積み込めるようにそろえる作業（JIS Z 0111：2006／番号5010)」である。

以上のように定義を整理していくと、荷役とはトラック等の輸送機器への積み込みだけでなく、積み替えをするヤードや倉庫への入庫や出庫などの総称であることが分かる。人の力で作業を行う場合もあるだろうが、フォークリフトやクレーンなどの荷役運搬機械を使用する場合もある。近年では前述のデジタルピッキングであるとか、作業者が倉庫内を歩き回らなくてすむ自動搬送ロボットなど、ピッキングを自動化するソリューションを提供する企業が出てきている。

この点、政府としても物流2024年問題の対抗策の一つとして考えており、荷役の自動化・機械化・DX[20]化は重要な概念であるといえる。

⑤ 流通加工機能

流通加工は、JISにおいて「流通過程の倉庫、物流センター、店舗などで商品に加工すること。生鮮食品又は繊維品の二次加工、小分け商品化包装、値札付け、鉄鋼・ガラスなど生産財の裁断、注文に対応する機器の組立て・組替え及び塗装替えなどをいう。(JIS Z 0111：2006／番号6001)」と定義されている。

流通加工は出荷時における加工のことであり、例えば生鮮食品を切り分ける、タグや値札を付ける、衣類をハンガーに掛ける、パソコンパーツの組み立て、お歳暮用品として専用の箱に詰める、贈答用の包装を施すなど最終顧客の付加価値を高める場合など多岐にわたる。

一見するとこれらの工程は製造する工場などで行うべきもののように思えるかもしれないが、物流センターなどの現場にて一体となって行われている。例えば、鉄鋼の裁断をギリギリまで引き延ばせば仕様は未確定のままとなり、多数のクライアントに対応できるだろう。鮮魚などはギリギリまで切り分けない方が腐敗を遅らせることができるだろう。

工場や市場など生産の現場で行うのではなく、より消費者に近い場所で作業を行った方が効率的である場合がある。

⑥ 情報管理機能

物流情報システムは、JISにおいて、「物流を対象とした情報システム。このシステムには、物流の各機能を効率化、高度化するための機能分野、受発注から配送、保管から在庫、さらに調達及び回収の業務分野、これらに関連した計画・実施・評価の経営過程の分野、さらに、運輸業、倉庫業などの物流事業者と荷主との関連を含めた分野がある。(JIS Z 0111：2006／番号7001)」とされている。

単に貨物を輸送するシーンだけを見てみても、例えば、どの荷主に、

20 DXとは、デジタルトランスフォーメーション（Digital Transformation）の略。ビッグデータ等の情報とAI等のジタル技術を活用して、ビジネスモデルを変革し、競争上の優位性を確立すること。

どの荷物を何個、いつまでに、どこまで届けるのかといった受注管理の情報だけが必要なわけではない。どのトラックドライバーが運送するのか、どのトラックに乗車するのか、交通状況はどのようになっているのかなど運行管理の問題、在庫管理の問題と円滑な物流活動のために必要な情報は多岐にわたる。

昨今、新聞等のメディアや各種展示会など様々なシーンでDX化という単語を目にすることが多い。物流分野においてもその労働生産性の向上のためにはDX化が有効なのは間違いないが、現実的には電話やFAX、紙でのやり取りが主流であったり、そもそも業務作業が属人化してしまっていたりするとの指摘をよく目にする。

物流センターにおける情報管理は倉庫管理システム（WMS：Warehouse Management System）を用いることが一般的である。倉庫管理システムでは入荷管理、出荷管理、在庫管理、進捗管理などを行う。現時点ではバーコードリーダーを用いることが主流であるが、AI技術の進歩が著しい昨今、さらなる技術進歩の可能性がある。

6　物流センターの基本

物流センターは「物流活動を構成する諸機能をもつ施設。流通センターともいう。このうち、配送活動に特化した施設を配送センターという。(JIS Z 0111：2006／番号4002)」と、JISで定義される。

これまで見てきた通り、物流機能は単に輸送や保管をするだけでなく様々な種類がある。中間拠点としての役割を担う物流センターにおいても同様で、単に輸送や保管をするだけではない。

一般に物流センターでは前述の物流機能を備えて、商品の受け入れから出荷までを行っている。物流施設という点では物流センターも倉庫も同じ類型ではある。倉庫は保管機能を主としているため貨物の出入りがそれほど多いわけではない点が決定的な相違点といえるだろう。もちろん、物流センターも保管機能を備えているが、それだけでないのは前述の通りである。

物流センターは一般に、(1)通過型センター、(2)在庫型センター、(3)流通加工型センターの3つの類型があるといわれている。

概念的ではあるが、図7に近い形で図示すると次の通りである（**図12**）。

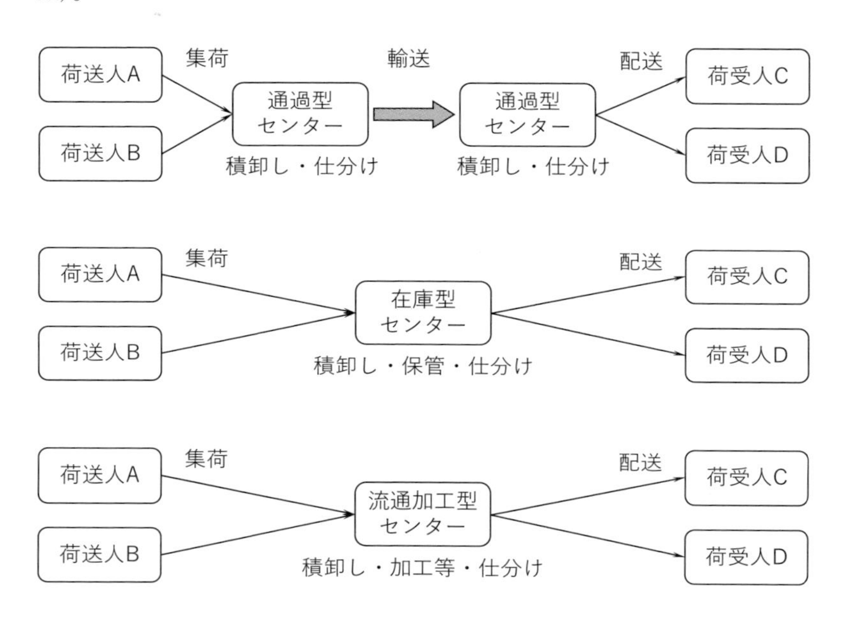

図12　通過型・在庫型・流通加工型

(1)　通過型センター（Transfer Center）

商品等の保管は基本的に行わずに、仕分け等の機能を中心とした物流センターをいう。代表例は宅配業である。メリットとしては輸送コストの削減、保管スペースの削減などを挙げることができる。

(2)　在庫型センター（Distribution Center）

商品等の保管を行って、受注に応じて仕分け等を行う物流センターをいう。代表例はEC業界である。メリットとしては、顧客への迅速な商品提供が可能となる点を挙げることができる。

(3) 流通加工型センター（Process Center）

前述の流通加工機能に特化した物流センターをいう。代表例は精肉や鮮魚を扱う小売業界である。メリットとしては、専門の機械設備を設置しているため、高度な作業を行うことができる点が挙げられる。物流センター内で集中して流通加工を行うため、店舗等が本来業務に集中することができ業務効率化につながる点もメリットといえる。

ある物流センターが必ず上記１種類のどれかに分類されるというわけではない。上記の種類以外にも例えば検品を行ったり、冷蔵機能に特化していたりと様々な類型が存在する。業界によって呼称も多々存在するようであるが、いずれにしても大別すると上記３種類といえる。

 サプライチェーン・マネジメント（SCM：Supply Chain Management）

これまで見てきた物流の概念と非常に近い用語としてロジスティクスやサプライチェーン・マネジメント（SCM）という概念がある。いずれも定義が確定したものではないが、およそ次のようなものである。

ロジスティクス（Logistics）とは、原材料調達から生産・販売に至るまでの物流を管理することをおよそ意味する。元々は兵站を意味する軍事用語であるが、アメリカにおいて1960年代にこれを物流分野へ流用されたことが始まりとされている。

現代社会においては物流・ロジスティクスの概念は単に製造販売だけに留まらず、例えば空き缶を回収して再利用するように、循環型のビジネスモデルも重要になってきている。この場合において生産者から最終消費者への流れを動脈産業・動脈物流（Arterial Logistics）、そして回収して再利用する流れを静脈産業・静脈物流（Reverse Logistics）と表現する（**図13**）。

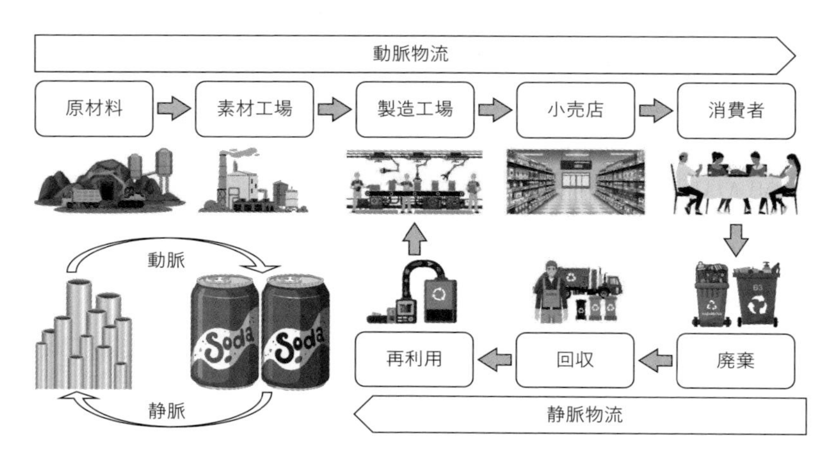

図13　動脈物流と静脈物流

物流といえば、一義的には動脈物流のみをイメージする読者も多いかもしれないが、現代社会においては容器包装リサイクル法、家電リサイクル法、食品リサイクル法、建設リサイクル法、自動車リサイクル法、小型家電リサイクル法など各種のリサイクル法が制定されている。環境省においてはリデュース（Reduce：発生抑制）、リユース（Reuse：再使用）、リサイクル（Recycle：再生利用）を「３Ｒ」としてまさに推進しているところでもある。

このように見ると、静脈物流の観点は事業者のコンプライアンスとして軽視できない。

サプライチェーン・マネジメントとは、前述の物流・ロジスティクスの概念をさらに広げて自社のみならず複数の事業者間において総合的に管理・調整するという概念である。

マーケティング戦略論の分野において、１つのフレームワークとして、「４Ｐ（マーケティングミックス）」と呼ばれる手法がある。どんな製品・商品・サービス（Product）を、どんな価格（Price）で、どんなチャネル・物流・立地（Place）で、どんな広告宣伝（Promotion）で行うかという４つのＰによる切り口で戦略を立てるのである。

このうち「チャネル・物流・立地（Place）」が特にサプライチェーン・マネジメントにおいては重要である。チャネル・流通戦略を狭義として捉えるのであれば「自社がどのように取り組むか」という視点になるだろうが、広義として捉えるのであれば「どのような協業する他社を巻き込んで最適化するか」という視点へと移行する必要性がある（**図14**）。

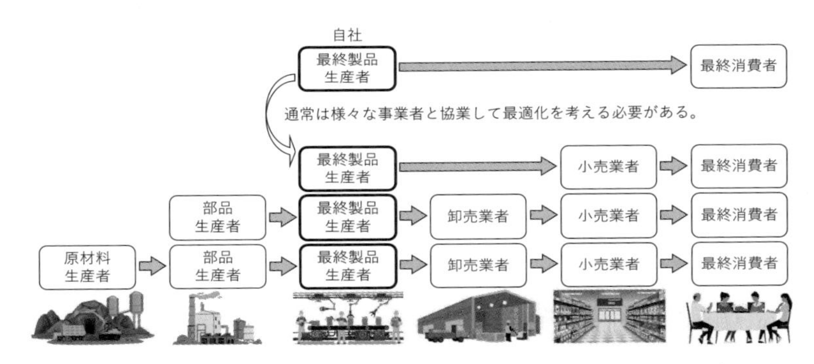

図14　マーケティングミックスにおけるチャネル・流通戦略

現代社会のビジネスが広範囲に細分化されていることは言うまでもないが、物流分野においてはサプライチェーン・マネジメントの視点が極めて重要になってくる。特に「物流2024年問題」の課題解決の模索にあたっては外すことができない着眼点であり、「物を効率的に運ぶ」という議論に留まらない。現在、ビジネスモデル全体の最適化を議論すべき局面に来ている。

第４章

物流2024年問題に対する国の対応

現在、日本の物流は崩壊の危機に瀕している。

先に述べたように、このまま何も対策を講じなければ、2024年度には輸送能力が約14.2%（４億トン相当）、2030年度には輸送能力が約34.1%（９億トン相当）不足する可能性があると試算がなされている[21]。

トラック運転手の労働時間上限に端を発するものであるが、しかし、この要因はあくまでも氷山の一角であり様々な要因が複雑に絡み合っている。

2020年の新型コロナウイルス感染症（COVID-19）の世界的流行は国際的な物流の寸断を招いたし、2022年より開始されたロシアのウクライナ軍事行動により燃料価格が高騰した。また、EC市場の拡大によってラストワンマイル[22]の負担は増大し、小ロット輸送の需要は今後も高い水準を保つだろう。このように当然ながら外的要因からも大きな影響を受ける。

一方で、内的要因も改善すべき課題が山積みであるのが実情だ。

トラックの積載効率を見てみると2000年は43.7%、2022年は36.5%と非常に低い水準を推移してしまっている[23]。積載効率の低さは空気を運んでいることと同義である。

また、トラック運転手の人材確保というのも大きな問題である。他産業に比べて相対的に年収が低いことに加えて、契約外の附帯作業の多さ、他産業に比べて過労死等が抜きん出て多い程の長時間労働の常態化という点はすぐにでも是正する必要があるだろう。

温室効果ガス排出削減のため2015年に採択されたパリ協定も看過できない問題である。日本は国策として2030年には2013年基準で46%削減と

21　国土交通省「持続可能な物流の実現に向けた検討会 中間とりまとめ」、2023

22　ラストワンマイルとは、物流の最終拠点からエンドユーザーへ商品を届けるための最後の１区間のこと。距離的な意味合いではなく、あくまでもお客様へ商品を届ける物流の最終輸送区間のことである。

23　野口智雄著『日本の物流問題――流通の危機と進化を読みとく』、2024、筑摩書房

いう目標を掲げている。この具体策としてカーボンニュートラル[24]を掲げているものの、依然としてトラックが輸送モードの中心を担う物流業界において負担は避けられない課題である。

このように、日本の物流業界が抱えている問題はトラック運転手の労働時間を短縮すれば解決するという簡単なものではない。様々な問題が複雑に絡み合って「物流2024年問題」が生じてしまっているという認識がまず必要である。そのため、１事業者だけでなく官民はもちろんのこと消費者として我々国民も含めて一つひとつ改善していく必要がある。

１つの方針として、働き方改革を推進した安倍晋三元首相は「労働生産性向上」を掲げていたが、まさにこの観点から着手すべきだろう。

政府としても指をくわえて物流崩壊を眺めているわけではなく、政府主導のもと、今まさに様々な施策が推し進められている。

2023年３月31日に岸田文雄首相（当時）により、物流分野について2024年問題に対応すべく具体的な対策を取りまとめるよう指示がなされた。岸田首相の指示内容[25]は次のようなものであった。現在取られている大きな方針が見てとれる。

> 物流は国民生活や経済を支える社会インフラですが、担い手不足、カーボンニュートラルへの対応など様々な課題に直面しています。物流産業を魅力ある職場とするため、トラックドライバーに働き方改革の法律が適用されるまで、明日でちょうど１年となります。
>
> 一方、一人当たりの労働時間が短くなることから、何も対策を講じなければ物流が停滞しかねないという、いわゆる「2024年問題」に直面しております。

24　カーボンニュートラルとは、二酸化炭素等の温室効果ガスの排出量から、森林管理等による吸収量を差し引いた合計値を実質ゼロにすることを目指す取り組みのこと。

25　我が国の物流の革新に関する関係閣僚会議「第１回 我が国の物流の革新に関する閣僚会議」、2023

これに対応するため、荷主・物流事業者間等の商慣行の見直しと、物流の標準化やDX・GX等による効率化の推進により、物流の生産性を向上するとともに、荷主企業や消費者の行動変容を促す仕組みの導入を進めるべく、抜本的・総合的な対応が必要です。

このため、物流政策を担う国交省と、荷主を所管する経産省、農水省等の関係省庁で一層緊密に連携して、我が国の物流の革新に向け、政府一丸となって、スピード感を持って対策を講じていく必要があります。

そこで、１年以内に具体的成果が得られるよう、対策の効果を定量化しつつ、６月上旬を目途に、緊急に取り組むべき抜本的・総合的な対策を「政策パッケージ」として取りまとめてください。

『第１回我が国の物流の革新に関する閣僚会議』より引用

この岸田首相の指示を受け、様々な閣僚会議が展開されているのだが、現在執筆時点での主要な決定は次の３つである。

①物流革新に向けた政策パッケージ[26]

②物流革新緊急パッケージ[27]

③2030年度に向けた政府の中長期計画[28]

それぞれに共通する大きな方針として「商慣行の見直し」「物流の効率化」「荷主・消費者の行動変容」という３本柱が掲げられている。

現在、進行形で様々な施策が検討され、新設され続けている。まさに物流分野は大きな転換点であるといえよう。

サプライチェーンを含む物流関係事業者はもちろんのこと、それをサポートする専門家としても制度改廃のスピード感に対応する必要がある

26　我が国の物流の革新に関する関係閣僚会議「物流革新に向けた政策パッケージ」、2023

27　我が国の物流の革新に関する関係閣僚会議「物流革新緊急パッケージ」、2023

28　我が国の物流の革新に関する関係閣僚会議「2030年度に向けた政府の中長期計画」、2024

ため、政府の動きを注視することが肝要である。

そこで近時の制度改正の大きな動きについて、政府の掲げた３本柱を中心にして各種の施策について述べる。

1 商慣行の見直し

物流業界における大きな課題として契約外の附帯業務の問題がある。例えば、荷役作業、長時間の荷待ち時間などの多さが指摘されている[29]。バラ積み・バラ降ろし[30]といった手荷役作業、荷待ち時間[31]などを契約外にも関わらず強いられているという現実があり、これは労働生産性向上の大きな阻害要因である。

荷主と物流事業者の運送契約は決して対等なものであるとはいえない。物流事業者は、交渉力の側面からどうしても弱い立場となってしまう。価格交渉はもちろんのこと、契約外の要求に対しても飲まざるを得ないというのが実態であろう。

その根本的な原因を理解するためには、貨物運送業界の歴史を紐解く必要がある。

1980年以降、日本のバブル景気の内需拡大に伴って運送事業の需要は大幅に拡大した。これを受け運送事業への規制緩和の流れとなり、1990年に物流二法の改正を受けて大幅に事業者数が増加した。その内訳は保有車両数10両以下が46.5%、従業員10名以下が38.3%、資本金300万円以下が85.5%という中小企業や零細企業が大きく占める状態であった[32]。

29　我が国の物流の革新に関する関係閣僚会議「物流革新に向けた政策パッケージ」、2023

30　バラ積みとは、積荷をフォークリフト等の機械を用いずに手作業で積むこと。バラ降ろしとは、逆に手作業で降ろすこと。

31　荷待ち時間とは、物流センター等において荷物の積み降ろしのために生じる待ち時間のこと。物流センター等における処理能力、車両の集中などが要因とされる。

32　東京都行政書士会「貨物自動車運送事業許認可ガイドブック」、2021

しかし、1992年にはバブル崩壊により内需縮小が始まる。かくして大幅に増加した事業者に対して輸送量は減少するという構図となった。

競争の優位性を保つために価格の引き下げや、契約外の荷役作業を付加価値として導入せざるを得なかった背景には、この極端な買い手市場の影響がある。

これらの問題は１つの事業者だけで解決できる問題ではなく、荷主サイドの理解も必要不可欠であるとして、次のような改善策を打ち出している。

①　荷待ち時間・荷役作業等の業務記録制度

荷待ち時間削減のため、正確な乗務実態把握が必要なことから業務記録制度について2017年５月31日に公布、そして2017年７月１日、2019年６月15日と順次施行された。

内容としては、貨安則第８条第１項の業務記録の改正である。車両総重量８トン以上又は最大積載量５トン以上の普通自動車である事業用自動車の運行の業務に従事した場合に対象となる（貨安則第８条第１項第６号）。

荷主都合で30分以上の待機時間が生じた場合に「集貨地点等[33]、到着・出発日時、荷役作業[34]の開始・終了日時、附帯業務[35]の開始・終了日時」といった内容の記録義務が課される（貨安則第８条第１項第６号ロ）。また、荷役作業等[36]を実施した場合（荷主との契約内容として明記されている場合には１時間以上）にも同様の記録義務が課される。さらに「荷主の確認が得られた旨・得られなかった旨」までも記載することとされ、荷主との共通認識を図る狙いであろう（貨安則第８条第１項

33　集貨地点等とは、集荷又は配達を行った地点のこと。
34　荷役作業とは、荷物の積み込みや積み降ろしのこと。
35　附帯業務とは、貨物の荷造り、仕分その他の貨物自動車運送事業に附帯する業務のこと。
36　荷役作業等とは、荷役作業又は附帯業務のこと。

第６号ハ)。

この所定の記載事項を乗務記録に記載し、１年間の保存義務が課される。トラック運送事業者への過度な要求をする荷主を少しでも減らそうという狙いがあるため、荷主への勧告等にあたっての判断材料にするとされる。

なお、荷主勧告制度とは、運送事業者が行政処分等を受ける場合、荷主の行為に起因すると認められるときに再発防止のための勧告を荷主に行うものである。当該制度についても、既に2014年に運用通達が改正され、施行されているところである[37・38]。

特に細部取扱い（国自貨第103号平成26年１月22日）において、「事業用自動車の運転者の過労運転を防止するために必要な措置を講ずべき義務に係る違反（貨物法第17条第１項)」と明記されている。

当該勧告制度は、まずは要請を行い、なお改善が見られない場合に公表、そしてさらなる法的措置の実施という流れになる。実際に公表に至った事例として2024年１月26日に国土交通省より報道がなされている。公表は２件であったが、いずれも「長時間の荷待ち」が違反原因行為として挙げられており、今後も同制度の抑止力に期待したい。

②　標準貨物自動車運送約款

国土交通省及び厚生労働省の共管で「トラック運送業の適正運賃・料金検討会」が2016年より設置され、以来開催された７回にわたる同検討会の議論を踏まえ、改正標準貨物自動車運送約款が2017年11月４日に施行された。

ここでの大きな改正ポイントとしては、まず従前不明瞭であった運賃の範囲を明確化されたことである（**図15**)。

37　国土交通省「荷待時間の記録義務付けに関するリーフレット」、2017
38　国土交通省「荷役作業等の記録義務付けに関するリーフレット」、2017

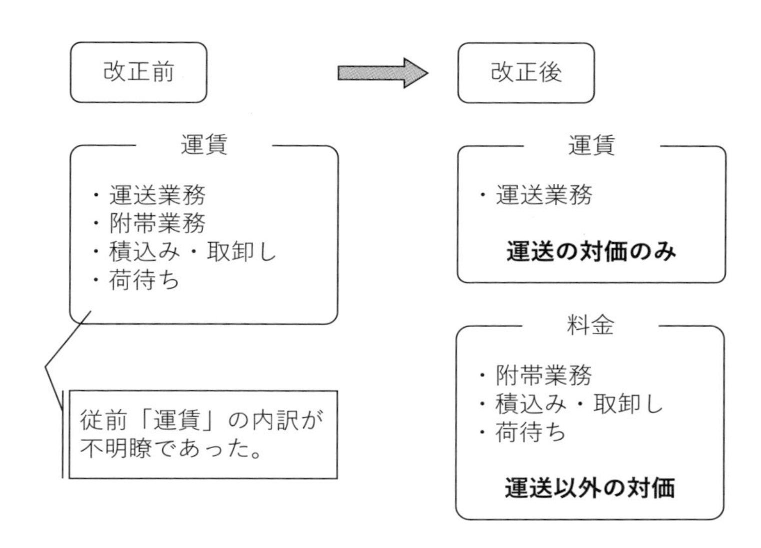

図15　「運賃」と「料金」の明確化

これまで契約外の附帯業務等が問題視されていたところ、運送契約に含まれるか否か明確化するためである。「運賃」が「運送の対価」であることを明確化すれば、他の附帯業務等が入り込む余地がなくなる。運送契約そのものをまずは適正化することが目的であるといえよう。

その他、荷待ち時間の対価として待機時間料の新設、附帯業務内容の明確化（棚入れ、ラベル貼り等の追加）なども盛り込まれた。

さらに、「商法及び国際海上物品運送法の一部を改正する法律」の施行に伴う見直しも行われ、2019年４月にも改正標準貨物自動車運送約款へ反映されている。

商法は企業法関連の中で一般法として位置付けられるが、1899年の制定以来、実に120年にわたって実質的な改正がなされていなかった。その間の社会情勢が大きく変化していることは自明であるが、基本ルールとして実質的な見直しが図られたといえる。

特に本書のテーマに関わる部分としては、各輸送モードについて総合的な規律として商法に規定が置かれたことが挙げられる。改正前商法における陸上運送に関する規定を、海上運送や航空運送、そして複合運送（陸・海・空を組み合わせた運送）にも及ぼすものとした。

また、この一連の改正にあってはモーダルシフトを見据えたルールの統一化という狙いがあるように見受けられる。例えば、運送人の責任消滅規定が置かれ、引渡日から２週間以内に通知を発さなければ損害賠償請求権が消滅することとされる（改正商法第584条第１項）。その他、複合運送に関する損害賠償請求についての規律、危険物についての通知義務についての規律などが盛り込まれている。これらの商法改正に対応したのが2019年に施行された改正標準貨物自動車運送約款である。

なお、上記２度にわたって行われた運送約款の改正は、標準貨物利用運送約款にも妥当する。基本的な趣旨や改正内容は前述の標準貨物自動車運送約款と同様である。

③　標準的運賃の告示制度

物流業界の変遷については前述の通り、バブル期の内需拡大、規制緩和、バブル崩壊による内需縮小という流れであった。運賃について見てみると、1990年の規制緩和に至る以前は国（当時の運輸省）が一律に認可運賃を定めていた。以後、事前届出制の仕組みが追加された。そこから2003年には事後届出制へ移行し、運賃については実質的に自由化が図られたといえる。事後届出制は、運賃・料金の設定・変更後30日以内に届け出るという仕組みとなっている（貨報則第２条の２）。

認可運賃の時代の問題点として、本来は認可制であるためこれに基づいて行われなければ違法状態といえるのであるが、実態としては認可運賃よりも低い水準で取引が行われていた[39]。業界構造上の問題からトラック事業者の価格交渉力が弱い点は前述の通りであるが、荷主との運賃交渉に臨むにあたっての参考指標として2020年４月24日に標準的運賃の告示制度が設けられた。そしてさらに、正当な対価が支払われるべく

39　東京都行政書士会「貨物自動車運送事業許認可ガイドブック」、2021

「標準的な運賃・標準運送約款の見直しに向けた検討会」が設置され、これを受けて2024年３月22日に標準的運賃告示が改正された。2024年の改正ポイントとしては、荷主等への適正な転嫁が図られるよう旧告示から平均８％の運賃引上げがなされ、それまで明示されていなかった待機時間料や積込料、取卸料の基準額が明記されたことなどが特徴的である。

標準的運賃の告示制度の2022年度の状況としては、運賃交渉の実態として69％が活用しており、このうち「希望額の収受達成」が30％、「希望額の一部収受達成」が33％と一応の効果はあった[40]。しかし、その一方で「収受できなかった」が10％、「交渉自体に応じてもらえなかった」が５％であり、そもそも活用できていない層もまだまだ多く同制度の普及啓発は今後も必要である。

運賃交渉の円滑化も含む生産性向上ため、国土交通省は「トラック運送における生産性向上方策に関する手引き」及び「原価計算の活用に向けて」といったパンフレットを公開している。各事業者が生産性向上に着手すべきことは言うまでもないが、特に運賃交渉の成功事例集など掲載されているおり、適正運賃収受に向けての最初の一歩としては大いに参考になるだろう。

④　物流の適正化・生産性向上に向けた荷主事業者・物流事業者の取組に関するガイドライン

物流業界が抱える課題解決のためにはステークホルダー全体として取り組まなければならない。１つの事業者だけでは到底解決し得る問題ではない。

契約外の附帯作業、長時間に及ぶ荷待ち時間の改善が必要なことはもとより、納品回数の減少等により総輸送需要の抑制や物流の平準化により効率的な物流の実現が必要であると指摘されている[41]。そこで、2023

40　国土交通省「標準的な運賃・標準運送約款の見直しに向けた検討会」、2023

年６月２日に経済産業省・農林水産省・国土交通省共管で「物流の適正化・生産性向上に向けた荷主事業者・物流事業者の取組に関するガイドライン」が策定された。

同ガイドラインにおいては共通の取組事項、発荷主事業者としての取組事項、着荷主事業者としての取組事項、物流事業者の取組事項、業界特性に応じた独自の取組の５つの観点から規定された。

特徴的なのは荷待ち・荷役作業等時間２時間以内ルールの項目の中で「荷主事業者は、物流事業者に対し、長時間の荷待ちや、運送契約にない運転等以外での荷役作業等をさせてはならない。」と明記されたことである。その他、運送契約の適正化、物流管理統括者の選定、パレット標準化への推奨、共同輸配送やモーダルシフトの推奨など多岐にわたる。

同ガイドラインについては物流革新に向けた政策パッケージの中で「取組みが不十分な事業者に対して、勧告、命令等を行う規制的措置等の導入等に向けて取り組む」と位置付けられており、将来的な規制的措置導入を予定したいわば前段階といったところといえる。そのため、単なるガイドラインと軽視すべきではなく、少なくとも「実施が必要」とされる項目について将来的な規制強化に備えて十分に対策を練るべきであろう。

以下、「実施が必要な事項」とされる項目は以下の通りである。

１．発荷主事業者・着荷主事業者に共通する取組事項

①荷待ち時間・荷役作業等に係る時間の把握
②荷待ち・荷役作業等時間２時間以内ルール
③物流管理統括者の選定
④物流の改善提案と協力
⑤運送契約の書面化
⑥荷役作業等に係る対価
⑦運賃と料金の別建て契約
⑧燃料サーチャージの導入・燃料費等の上昇分の価格への反映

41　我が国の物流の革新に関する関係閣僚会議「物流革新に向けた政策パッケージ」、2023

⑨下請取引の適正化 ⑩異常気象時等の運行の中止・中断等
２．発荷主事業者としての取組事項
①出荷に合わせた生産・荷造り等 ②運送を考慮した出荷予定時刻の設定
３．着荷主事業者としての取組事項
①納品リードタイムの確保
４－１．物流事業者の取組事項（共通事項）
①業務時間の把握・分析 ②長時間労働の抑制 ③運送契約の書面化 ④運賃と料金の別建て契約 ⑤コスト上昇分や荷役作業等に係る対価の運賃・料金への反映に向けた取組 ⑥契約内容の見直し ⑦下請取引の適正化
４－２．物流事業者の取組事項（個別事項：運送モード等に応じたもの）
⑧荷待ち時間や荷役作業等の実態の把握 ⑨トラック運送業における多重下請構造の是正 ⑩「標準的な運賃」の積極的な活用
５．業界特性に応じた独自の取組
・１～４までの取組について、業界特性上実施することができない事項については、代替となる取組を設定して実施することとする。 ・１～４までの取組に加えて、業界団体や関係事業者間で物流の適正化・生産性向上のために合意した事項については、これを実施することとする。

⑤　納品期限等の見直し

④で述べた事業者の取組に関するガイドラインの着荷主事業者が取り組むべき事項では「納品リードタイムの確保」が挙げられている。

同ガイドラインの解説によれば、納品リードタイムの十分な確保の重要性が謳われている。納品期間に余力があればあるほど、輸送モードの選択肢は増えるといえ、例えば船舶による幹線輸送なども候補に挙げることができる。

特に納品リードタイムを短くせざるを得ない特別な事情がある場合には、自ら輸送手段を確保する等によって物流負荷の軽減に取り組むこととされる。

現在設定している納品リードタイムがそもそも適正であるかどうかの検討を荷主サイドが行うことが肝要となる。

2024年6月26日に開催された「2024年度　第1回フィジカルインターネット実現会議」を筆者は傍聴したが、その中で事務機業界の発表で「果たしてコピー機といった事務機械の輸送に即日配達が求められているのか？」という問いがあり、非常に印象的であった。適切なリードタイムの設定は荷主サイドの経営判断を伴う場合があり、一朝一夕に解決できる問題ではないが、今後この視点は重要となるだろう。

⑥　食品業界における納品期限等の見直し

⑤は一般的な物流の話であるが、食品業界では「1/3ルール」という特殊な慣例が存在する。日本の一般消費者は食品を購入する場合、より長い賞味期間のものから選ぶ傾向に由来する。少しでも賞味期限が短いと判断された商品はそのまま商品棚に残り続けることとなる。そしてこの問題は物流業界が負担することとなった。

1/3ルールとは、即ち「賞味期間の1/3以内に納品期限を設定すること」であり、これを徒過すれば卸業者は食品メーカーへと返却することとなる。

2023年になると食糧・農業・農村基本法の見直しが議論される中（改正法は2024年6月5日施行)、食品産業（食品製造業、外食産業、食品関連流通業）の持続的な発展も盛り込まれた[42]。ここでは「特に、食品ロスの削減に向けては、製造段階での製造の効率化、賞味期限延長のた

42　食料安定供給・農林水産業基盤強化本部「食糧・農業・農村政策の新たな展開方向」、2023

めの技術開発、納品期限（1/3ルール）等の商慣習の見直しとともに、食品廃棄量の情報に加えて新たにフードバンクへの寄附量の開示を促進するなど、食品事業者の取組を促進する。」とされた。元々、農林水産省は、この1/3ルールの問題について食品ロス削減に取り組んでいた。2012年10月には「食品ロス削減のための商慣習検討ワーキングチーム」が発足された。発足当時の趣旨としては、国際連合食糧農業機関（FAO）により相当量の食品ロスが毎年生じていることが調査研究報告書により示されたことにある。食品ロスの削減は日本だけでなく世界的にも課題であり、世界的な穀物需要のひっ迫や食料価格の上昇に対応すべく議論が進められた。

2024年現在では年に一度の頻度でキャンペーンを実施しており、「全国一斉商慣習見直しの日」としてこの商慣習見直しに取り組む食品製造・小売事業者を公表している。2023年12月の公表によれば、納品期限緩和実施事業者は198社、賞味期限大括り化実施事業者は174社と少しずつではあるが広がりを見せている。

特に納品期限緩和とは、従前の1/3ルールの見直しである。例えば６か月の賞味期限のケースを考えてみる（**図16**）。従前の1/3ルールの下であれば最初の２か月の納品期限のタイミングで一定数のロスが生じ、そしてその後に販売期限のタイミングでさらにロスが生じてしまっていた。

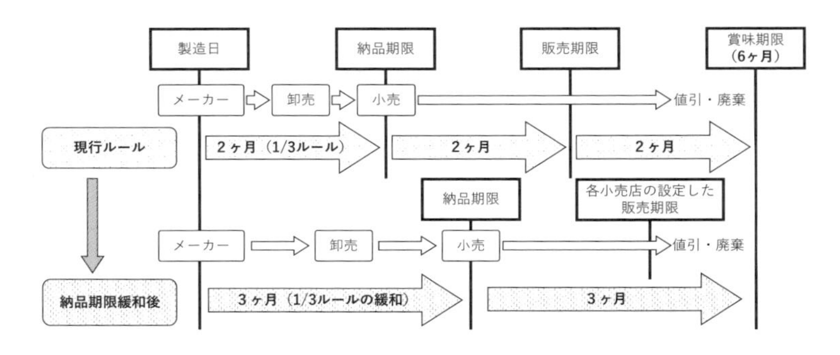

図16　賞味期限６か月の納品期限緩和の例（平成29年度製・配・販連携協議会資料を基にして作成。）

これが厳しい納品ルールとして物流業界へと跳ね返っていたところ、納品期限を緩和することで、物流負荷が軽減され、そして食品ロスの削減につながるという見込みである。

納品期限緩和、そして賞味期限大括り化という取組については、2019年には告示がなされているところであり、今後も引き続き国として推進していく流れとなっている（食品ロス削減に向けた加工食品の納品期限の更なる見直しについて[43]）。

⑦　実運送体制管理簿の作成義務

④で述べた事業者の取組に関するガイドラインの発荷主事業者・着荷主事業者に共通する取組事項のうち下請取引の適正化にかかる内容である。

トラック業界において悪質な多重下請構造が適正運賃の確保を阻害しているという指摘が様々なところでなされているが、これを是正するため台帳作成等に係る規制措置の導入や国の監査体制の強化が予定されている[44]。

2024年２月13日に「流通業務の総合化及び効率化の促進に関する法律及び貨物自動車運送事業法の一部を改正する法律案」が既に決定されているところであるが、この多重下請構造への是正の一環として実運送体制管理簿の作成義務が盛り込まれた（改正貨物法第24条の５）。

実運送体制管理簿について作成義務はもちろんのこと、営業所への１年間の備置義務が課されている。実運送を行う下請け運送事業者の管理の徹底を、元請け事業者に対して課しているのである。各種規制措置の前段階として現状把握を進めるため可視化を図っているといえ、執筆時

43　農林水産省食料産業局「食品ロス削減に向けた加工食品の納品期限の更なる見直しについて（通知）」（元食産第843号20190628商局第４号令和元年７月４日）、2019

44　我が国の物流の革新に関する関係閣僚会議「物流革新に向けた政策パッケージ」、2023

現在まだ施行前であるが公布日から３年以内の施行予定とされているため対象事業者は早期対策が必要である。

以上が改正内容となるが、参考までに巻末の付録(3)で改正後の貨物法の関係条文を掲載する。

⑧　トラックGメンによる監視体制

悪質な荷主・元請事業者等に対する是正指導のため、2023年７月21日にトラックGメン制度が国土交通省及び地方運輸局に設置された。

当該制度はトラック事業者から情報収集を行い、中小企業庁や厚生労働省等の関係省庁と連携を図りつつ、貨物法に基づく荷主等への要請等に活用され荷主対策の実効性を確保する狙いである。違反原因行為を荷主がしていると認められる場合には「働きかけ」を行い、荷主が違反原因行為をしていることを疑う相当な理由がある場合には「要請」を行い、そして要請してもなお改善されない場合には「勧告・公表」を行う流れとなっている。各運輸支局に設けられたトラック荷主特別対策室（トラックGメン）のほか、悪質な荷主等に関する通報窓口（目安箱）が設置されており、情報収集を担っている。

2019年７月～2024年３月までの違反行為の類型としては次のような結果となっている（**図17**）。2024年３月31日現在での活動実績としては「働きかけ」が478件、「要請」が174件、「勧告」が２件となっている。

勧告に至った１つの事例は某大手物流会社（元請事業者）であった。まずは過積載運行の指示を実施している疑いがあるとして2022年11月に違反原因行為の是正が要請された。同要請に基づいて改善計画の提出、そして同計画に基づいた取組によって一定の改善が確認された。しかし、その後の調査によって依然として違反原因行為に係る情報が相当数寄せられたとし、2024年１月26日に違反原因行為をしないよう勧告がなされ、公表されるに至った。ここで違反原因行為の早急な是正を促し、改善計画の提出の指示がなされている。

勧告後の対応としては、某大手物流会社から改善計画の提出がなされ

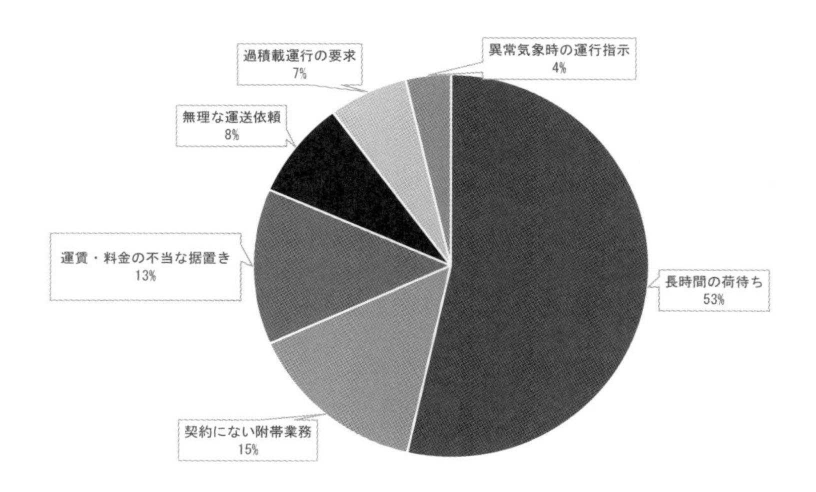

図17　違反原因行為の割合（『「働きかけ」等の累計実施件数（令和６年３月31日現在）国土交通省資料』より作成）

ており、引き続きトラックGメンによるヒアリングや現地訪問等を通じてフォローアップを継続する予定である。また、改善が図られない場合、更なる法的措置の実施を含めて厳正に対処されるとされている。

しかしながら、トラックＧメン制度の実績件数はまさに氷山の一角であることは疑う余地もない。

2024年７月５日に東京新聞により、某EC通販会社に労働時間管理の逸脱の疑いがあるという報道がなされた。同報道によれば労働時間を短く見せるため、労働時間管理に用いるIDを複数使用させているという。

業界構造としては某EC通販会社が運送会社に委託し、それを受けて一次下請け、二次下請けというまさに多重下請け構造となっている。そして最終的な行先はいわゆるフリーランスと呼ばれる個人事業主なのである。

フリーランスは個人事業主なのだから労基法の枠外であるという誤解が蔓延していることも問題ではないだろうか。

ここで厚生労働省等が2021年に作成したガイドラインによれば、『フリーランスとして業務を行っていても、実質的に発注事業者の指揮命令を受けて仕事に従事していると判断される場合など、現行法上「雇用」に該当する場合には、労働関係法令が適用される』とされる[45]。

また、改善基準告示についても適用の余地があり、『個人事業主を含めた運転者の勤務時間及び乗務時間を定める基準として、改善基準告示等が位置付けれられています。個人事業主は労働基準法の労働者ではありませんが、軽貨物輸送などに従事している個人事業主のトラック運転者も、実質的にトラックの改善基準告示の遵守が求められます。』と厚生労働省資料の中に明記されている[46]。

このフリーランスの問題については「特定受託事業者に係る取引の適正化等に関する法律（以下、「フリーランス法」という。）」が2023年4月28日に成立し、2024年11月1日には施行される予定である。下請けを多数抱える元請け企業においては今後規制対象となっていく可能性があり、早期の対策・改善が望まれる。

⑨　フリーランス法の制定と施行

かつて、バブル期以前の日本は大企業を中心として終身雇用制が一般的であった。しかし、バブル期終焉と共に終身雇用制も崩壊しつつあり、その働き方も多様化していることは周知の事実である。そんな社会情勢の中で、いわゆるフリーランスとして独立し個人事業主として業務を行うという働き方も選択肢の一つである。

しかし、業務委託について委託者である発注事業者と受託者であるフリーランスとの間のトラブルが顕在化している。先のID複数使用の事例などまさにその一例であるが、他にも一方的な発注取消し、未払の報酬、発注事業者からのハラスメントなどが問題視されている。そこで、

45　厚生労働省、公正取引委員会、中小企業庁「フリーランスとして安心して働ける環境を整備するためのガイドライン」、2021

46　厚生労働省「トラック運転者 労働時間等の改善のための基準学習テキスト 令和6年4月 改正改善基準告示版」、2024

このような状況を改善すべく、2024年11月１日には施行予定というのは先に述べた通りである。

まず、フリーランス法の原則的な射程から見ていこう。

同法による規制の対象になるフリーランスである個人事業主を「特定受託事業者」とし、これに業務委託を行う発注事業者を「特定業務委託事業者」とする。フリーランスの特定受託事業者は従業員を使用していないものを対象とし、発注した特定業務委託事業者は従業員を使用するものという違いがある（フリーランス法第２条第１項、第６項)。原則的には同法の規制の趣旨が「個人対組織における交渉力の格差」を問題視しているためである。したがって、原則としてはフリーランスの特定受託事業者は法人であっても社長１人会社であれば適用されるし、発注した特定業務委託事業者は個人であっても２名以上であれば対象となる点はまず基本事項として押さえておくべきである。

次に対象とされる取引だが、基本的にはいわゆるBtoB（事業者間取引）をイメージすると良いだろう。同法においては「業務委託」として定義されており、物品の製造（加工を含む。)、情報成果物の作成、そして役務の提供が挙げられており物流業界の多重下請構造をも射程とした構成となっている（フリーランス法第２条第３項)。

同法による規制は「取引の適正化」及び「就業環境の整備」の二本柱となっており、例えば取引期間などの違いにより課せられる義務内容が異なる。今後の具体的な運用についてはこれからガイドライン等により明示予定である。

罰則にかかるスキームについては、まず公正取引委員会、中小企業庁、厚生労働省の専門窓口に違反行為に対する申告が行われる。そしてその内容に応じ、発注した特定業務委託事業者に対して立入検査等の調査を経て、指導や助言、勧告がなされる。状況次第では命令や公表が行われ、最終的には罰則となる余地もある（フリーランス法第24条、第９条)。

同法の施行に先立って2020年11月より「フリーランス・トラブル110番」という無料相談窓口も設置されている。こちらは第二東京弁護士会による相談事業であるが、対象とされる職種の中には当然ながら「トラック運転手」も明記されている。この仕組みが機能すれば無料弁護士相談を契機にして、特に悪質な事例についてはトラックＧメンへの通報、そして同法による行政指導等を経て取消処分等の措置に繋げることが可能となろう。

フリーランスのトラック運転手にとってはセーフティネットとしての機能にもなるし、逆に多数のフリーランスを抱える中堅事業者にとってみれば労働生産性改善に踏み切る契機となるのではないか。

以上が概略となるが、フリーランス法による規制内容をまとめると次の通りである。なお、参考までに巻末の付録⑷にてフリーランス法の関係条文を掲載する。

【特定受託事業者に係る取引の適正化】
①　取引条件等の明示義務（フリーランス法第３条） ②　報酬支払期日の設定義務（フリーランス法第４条） ③　特定業務委託事業者の禁止事項（フリーランス法第５条）
【特定受託業務従事者の就業環境の整備】
①　募集情報の的確表示義務（フリーランス法第12条） ②　育児介護等への配慮義務（フリーランス法第13条） ③　ハラスメントに係る体制整備義務（フリーランス法第14条） ④　中途解除等の事前予告義務（フリーランス法第16条）

2　物流の効率化

2024年問題の改善を考えたとき、生産性向上を含め物流効率化が必要不可欠であることは述べてきたところである。特に「物流革新に向けた政策パッケージ[47]」の中では、DX化やモーダルシフト、物流標準化などが挙げられている。

47　我が国の物流の革新に関する関係閣僚会議「物流革新に向けた政策パッケージ」、2023

以下、関連する施策について述べる。

①　高速道路料金の大口・多頻度割引の拡充措置継続

高速道路の料金については1989年に５車種区分（二輪車を含む軽自動車と、普通車、中型車、大型車、特大車）に移行し、全国的にこの車種区分が定着しているところである。2013年６月に開催された国土幹線道路部会の中間答申において、整備重視から利用重視への転換が図られており、2014年４月から新たに利用重視の料金が導入されている。

そのような中で、2023年６月の「物流革新に向けた政策パッケージ[48]」において、トラック運転手の労働生産性の向上を目的として大口・多頻度割引の拡充措置の継続が掲げられた。割引の対象事業者について法令遵守の厳格な適用が述べられており、今後より一層コンプライアンスの意識が事業者及びトラック運転手には求められてくるであろう。

2023年12月22日には国土交通省により『「新たな高速道路料金に関する基本方針」の改定について』の発表がなされた。同発表の中では普通区間、大都市近郊区間、海峡部等特別区間の３つの料金水準を維持するとされ、それに伴う料金水準の引き下げについても継続となった。引き下げ対象は、引き続きETC車となっている。特に、NEXCO（Nippon Expressway Company Limited）の料金割引について物流・環境対策について言及されている（新たな高速道路料金に関する基本方針[49]）。大口・多頻度割引についての10％の拡充措置については従前2024年３月末までとなっていたところ、2025年３月末まで延長されている。この点について今後の高速料金という変動費に直結する話であるため、どう運用されていくのか注意が必要である。

48　我が国の物流の革新に関する関係閣僚会議「物流革新に向けた政策パッケージ」2023

49　国土交通省「新たな高速道路料金に関する基本方針（令和５年12月22日改定）」、2023

３．料金割引について

(1)NEXCO

③物流対策

・主に業務目的で高速道路を利用する機会の多い車の負担を軽減するため、大口・多頻度割引について、最大割引率を40％として継続する。ただし、物流事業者の高速道路の利用促進による労働生産性向上のため、令和７年３月末までの間は、ETC2.0を利用する自動車運送事業者を対象に、最大割引率を50％に拡充する。

④環境対策

・並行する一般道路の沿道環境を改善するため、深夜割引について、割引率を３割として継続する。

・ただし、割引が適用される時間帯に少しでも高速道路上にいれば、全ての走行距離に対して割引が適用されることから、本線料金所などで大型車が滞留するといった課題が生じている状況を踏まえ、深夜割引の対象となる時間帯に走行した距離に応じた割引に見直す。

なお、深夜料金については深夜割引の適用時間帯が０時～４時から22時～翌５時への拡大など2023年１月20日に見直しがなされている。従前、深夜割引が対象時間帯に短時間であっても走っていれば適用がされていた関係で、対象時間まで高速道路の出入口手前で待機する者も少なくなかった。渋滞の原因となるだけでなく、時間外労働時間の問題としても看過できない。そこで当該見直しへとつながったわけである。しかし、2023年の国交省の発表においても「令和６年度中を目処に深夜割引を見直すこととします。」との記載がなされており、こちらも今後の動きには注意が必要である。

② 高速道路のトラック速度規制の引上げ

物流2024年問題の対策として労働生産性の向上が挙げられる。中でも高速道路における貨物自動車等の法定速度の引上げは、輸送時間が短くなれば純粋に生産性は向上するため有効な施策であると考えられる。そこで、高速道路における車種別の最高速度の在り方に関する有識者検討会が2023年７月より開催され、最終的に2023年12月22日に提言としてまとめられた[50]。

同提言の中では適切な運行管理として、運送事業者における交通安全対策を一層徹底すべきである点、走行中におけるトラック運転手の身体的・心理的負担を把握して適度な休憩時間の確保等適切な運行管理を実施すべきである点、そして物流業界全体において常に最高速度の走行を求めるようなプレッシャーをかけないという意識が重要である点など挙げられている。特にこれらについては多重下請構造の状況であれば、例えば90km離れているのだから「必ず１時間で到着せよ」などといった要求へと簡単につながってしまうであろう。こういった状況を避けなければ本末転倒である。

そうした経緯を経て、2024年３月１日に道路交通法施行令の一部を改正する政令（令和６年政令第43号）が公布され、2024年４月１日に施行された。

改正のポイントは特定中型・大型トラックの高速自動車国道における最高速度が80km/hから90km/hとされた点である（改正道交令第27条第１項）。

この点について自動車の種類別に見てみると次の通りである（**表３**）。なお、通行区間によって最高速度は定められているため、実際に走行する現地にて確認する点は留意すべきである。

50　高速道路における車種別の最高速度の在り方に関する有識者検討会「高速道路における車種別の最高速度の在り方に関する提言」、2023

車種	改正前	改正後
自動二輪車	100km/h	（変更なし）
乗用車		
トラック（総重量8トン未満）		
特定中型/大型トラック（総重量8トン以上）	~~80km/h~~	**90km/h**
トレーラー	80km/h	（変更なし）
大型特殊自動車		
他の車をけん引するとき、三輪の自動車		

表３　高速自動車国道における車種別最高速度

③　特殊車両通行制度に関する見直し

道路や橋といった交通インフラは交通量によって劣化していく。老朽化に伴って都度補修を行っていく必要があるが、そもそも一定の寸法や重量を想定して作られたものである。従って、国内の道路や橋は無制限に車種を問わず通行できるという制度にはなっておらず、道路法における特殊車両通行制度が採用されているところである。対象となる車種としては、例えばトレーラーやトラッククレーンなどの車両の構造が特殊な場合、大型発電機や電車の車体のように積載貨物が分割不可能な場合などである。

従前の制度は、許可制度として１経路ごとに事前に申請手続を行う必要があった。この点、手続期間の短縮化や通行条件の緩和などが検討された。特殊車両通行許可制度のほか、2016年より開始された特車ゴールド制度、2019年より開始された重要物流道路における国際海上コンテナ車（40ft背高）の特例制度、そして2022年より特殊車両通行確認制度が開始された。

特殊車両通行許可制度（道路法第47条の２）とは、事前に道路管理者に対して許可申請を行って通行できるようになる制度である。近年、トラック運転手不足に伴って車両の大型化が進展しており、許可件数が2017年の39万件から2022年の52万件と約1.3倍に増加している。これに伴って審査日数も長期化する傾向にあった。

2022年４月１日より施行された特殊車両通行確認制度（道路法第47条の３）とは、事前に車両を登録しておいて、発着地等を指定して通行可能経路の確認を行い、その回答を受けた範囲内で通行できるようになるという制度である。オンラインで行うため迅速であり、審査を要せず簡易であるというのが制度の売りである。

しかしながら、現状としては従前の許可制度が利用される傾向にあり、確認制度はほとんど利用されていない状況である。その理由として、未対応の道路が多い点、手数料が割高である点、利用できない車両がある点などが挙げられており、確認制度の利用促進に向けてこちらも見直しが検討されているところである[51]。

なお、悪質な違反者については、行政指導内容の公表、許可の取消し及び告発の対象となるほか、違反した運転手だけでなく事業者にも適用がある点に注意が必要である（『道路法第47条の３に係る行政処分等の基準について』）。

④ スワップボディコンテナ車両の導入促進

スワップボディコンテナ車両とは、トラックの車体（キャリア）と荷台（コンテナ）を自力で分離できる車両である（図18）。

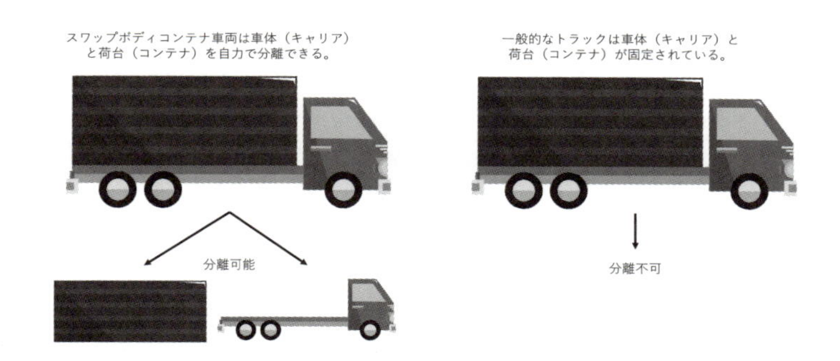

図18　スワップボディコンテナ車両のイメージ

51　第23回物流小委員会「特殊車両通行制度の見直し・利便性向上について」、2023

従前、スワップボディコンテナ車両は存在していたものの、十分な利活用にまでは至っていなかった。その背景は様々であるが、エアサスペンションが標準装備とされておらず、自力で荷台を切り離せなかったことが挙げられる。特に決定的だったのが、納品形態の商慣行が車上渡しではなく軒下渡しが一般的であった点である。

トラック運転手の労働生産性の阻害要因として長時間の荷待ち時間が挙げられるが、このスワップボディコンテナ車両が普及すれば運転業務と荷役業務を完全に切り離すことができ、荷待ち時間を大幅に短縮することができる。また、トラック運転手の業務時間短縮のみならず物流センター全体としての生産性向上が期待できる。

2019年３月、スワップボディコンテナ車両利活用促進に向けた検討会により『スワップボディコンテナ車両利活用促進に向けたガイドライン』が策定された。事業者の創意工夫によって様々な活用が見込まれ、次のような例が挙げられている[52]。

まず、単純な拠点間輸送について、例えばＡ－Ｂ－Ｃの物流センター間での事例を見てみよう。通常の10ｔトラックの場合で、積込み２時間、運転２時間、取卸し２時間をそれぞれ要するとしよう。運転時間そのものは各２時間であるが、積込み・取卸しに４時間かかってしまう。附帯作業を行わない前提であったとしても各４時間の荷待ち時間であり、拘束時間は18時間になってしまう。

第２章で述べた改善基準告示は遵守しなければならないため、運転手１人・トラック１台でこの業務を回すことはできない。少なくとも運転手２名・トラック２台は必要だ（**図19**）。

52　スワップボディコンテナ車両利活用促進に向けた検討会「スワップボディコンテナ車両利活用促進に向けたガイドライン」、2019

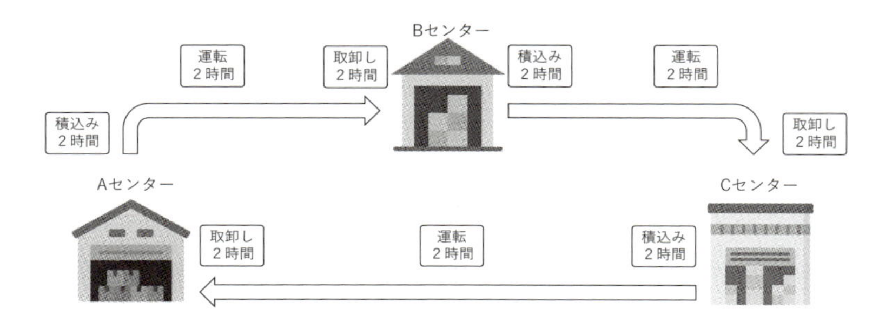

図19　拠点間輸送①（通常の10ｔトラック）

一方、スワップボディコンテナ車両を活用した拠点間輸送について見てみよう。まず運転業務と荷役業務は完全に分離し、各物流センターでは荷台（コンテナ）を着脱するだけの準備を整えておく。仮にコンテナの着脱が15分だったとしよう。そうすると合計の荷待ち時間は１時間30分となるため、合計の拘束時間は７時間30分で足りる。あくまで簡易化した机上の計算ではあるが十分に実現可能な範疇であろう（**図20**）。

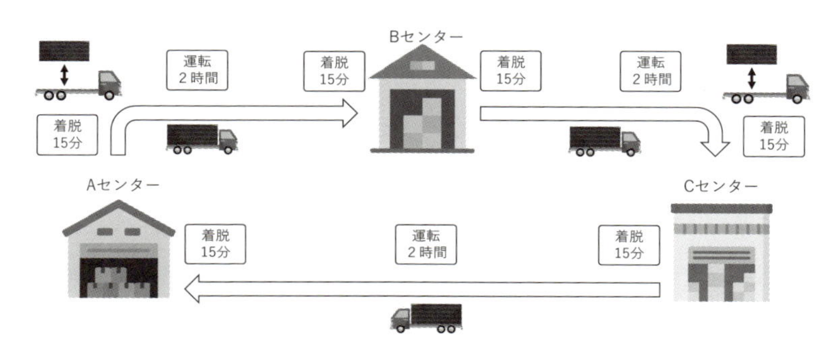

図20　拠点間輸送②（スワップボディコンテナ車両）

⑤　中継輸送の普及啓発

次に中継輸送の事例を見てみよう。

中継輸送とは、例えばＡ－Ｂ－Ｃの物流センター間でＡ→Ｃに輸送が必要な場合にＡ－Ｂ間、Ｂ－Ｃ間のみ往復する車両を準備し、Ｂセンターを経由しつつも少なくとも荷物だけはＡ→Ｃと輸送する方法である。つまり、ＡＢ間・ＢＣ間のそれぞれのトラック運転手はＡ－Ｃ間の泊付き長距離運行の必要がなくなり、それぞれ日帰りによる勤務が可能となる。これは労働環境の改善に大きくつながるため、国土交通省は2017年作成の手引きのほか、活用事例集を作成して中継輸送の普及・啓発を行っている[53]。

中継輸送の方式については大まかに３つあると言われており、①ドライバー交替方式、②貨物積替え方式、③トレーラー・トラクター方式（ヘッド交換型）である。これに加えてスワップボディコンテナ車両を活用した④トレーラー・トラクター方式（コンテナ交換型）を解説していく。

①ドライバー交替方式とは、中継地点であるＢセンターにてトラック運転手を入れ替える方式である。車両を乗り換える必要はあるが、中継拠点での作業が短時間というメリットがある（**図21**）。

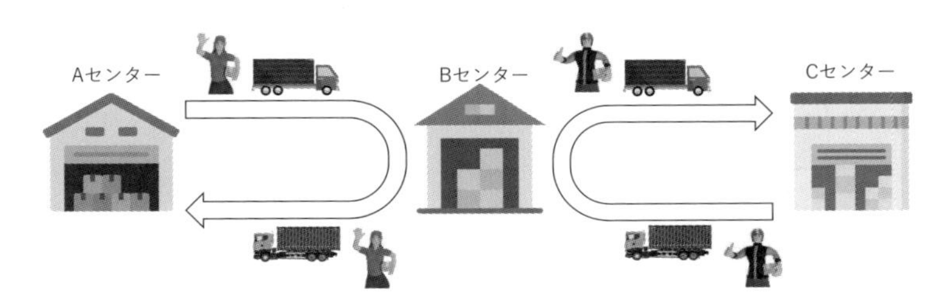

図21　中継輸送①（ドライバー交替方式）

②貨物積替え方式とは、中継地点であるＢセンターにて貨物を入れ替える方式である。車両を乗り換える必要はないが、中継地点での荷役作業が丸ごと必要となるため作業が膨大というデメリットがある（**図22**）。

53　国土交通省自動車局貨物課「中継輸送の実施に当たって（実施の手引き）」、2017

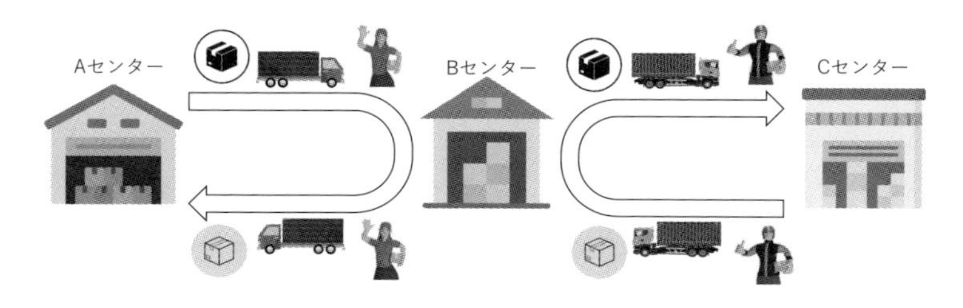

図22　中継輸送②（貨物積替え方式）

③トレーラー・トラクター方式（ヘッド交換型）とは、中継地点であるBセンターにてトラクターを交換する方式である。荷台（コンテナ）は自力の分離も自走もできないため、牽引免許を有する運転手同士で行う必要がある。しかし、貨物の総入れ替えは不要であり、交換作業は短時間で終えることが可能である（**図23**）。

図23　中継輸送③（トレーラー・トラクター方式：ヘッド交換型）

④トレーラー・トラクター方式（コンテナ交換型）とは、中継地点であるBセンターにてコンテナを交換する方式である。まさにスワップボディコンテナ車両を活用した事例である。基本的には③の方式と同様であるが、牽引免許が不要な点、コンテナ自体の車両登録が不要な点がメリットである（**図24**）。

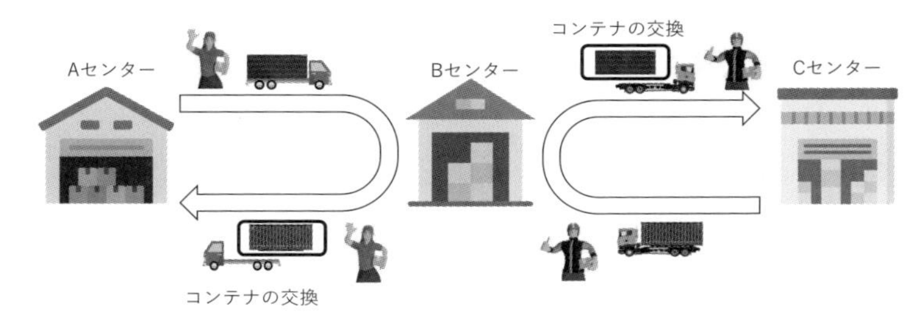

図24　中継輸送④（トレーラー・トラクター方式：コンテナ交換型）

以上が中継輸送の基本的な考え方であるが、先の例においてＡ－Ｂ間がＸ社、Ｂ－Ｃ間がＹ社というケースにおいては別途必要な措置が生じる。この場合、Ｘ社とＹ社間で所定の事項を記載した協定書を締結する必要がある（貨物自動車運送事業の用に供する事業用自動車の相互使用について[54]）。

また、フェリーやRORO船[55]といった船舶を幹線輸送として活用するケースについては貨物利用運送事業法による第二種貨物利用運送事業の許可（利用法20条）が必要となる可能性があるため、その点にも留意が必要である。例えば次のようなB港－C港間を幹線輸送として船舶による輸送を行うケースが想定される（**図25**）。

54　国土交通省「貨物自動車運送事業の用に供する事業用自動車の相互使用について」（平成９年７月１日付け自貨第79号、自環第166号）、1997

55　RORO船とは、貨物や台車部分を輸送する船舶のこと。図28の例でいえば、発港であるＢ港ではトラックごと乗船し（Roll-on）、台車部分（シャーシ）を切り離して船に積載し、トラックのトラクターのみが下船する。そして、着港であるＣ港ではトラックのトラクターのみが乗船し（Roll-off）、台車部分を受け取って、台車部分と共に下船する。トラックを載せて下ろすということに由来している通称である。本来、Ｂ港やＣ港にクレーンといった大規模な施設が必要なところ、RORO船であれば、それらの施設を不要とするメリットがある。

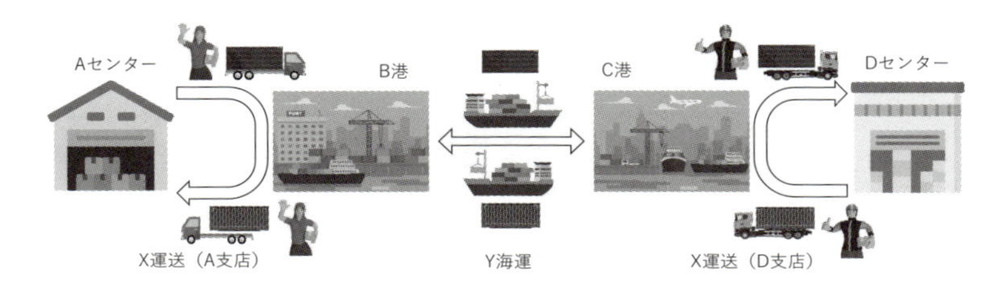

図25　中継輸送⑤（フェリー・RORO船の活用）

⑥　ダブル連結トラックの導入促進

ダブル連結トラックとは、大型トラックの荷台部分を２つ連結させたものであり、１台で通常の大型トラック２台分の輸送が可能となる（**図26**）。必要ドライバー数で従来よりも約５割削減、CO_2排出量で約４割削減という調査結果も出ているため利用促進が図られているところである[56]。

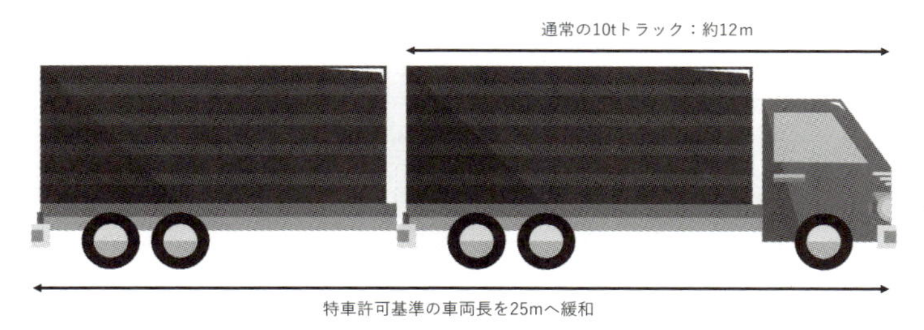

図26　ダブル連結トラックのイメージ

走行の安全性等の実証実験を経て、2019年１月29日より特殊車両通行許可基準の車両長が25mまで緩和され、本格導入となった。以来、段階的に対象路線が拡充され、2022年11月８日には約5,140kmまで拡充されており、主要な高速道路をほぼ網羅する運びとなった。

56　第23回物流小委員会「ダブル連結トラックの導入状況及び利用促進策について」、2023

さらに、2019年３月28日には国土交通省によりダブル連結トラックを活用した大手物流会社の共同輸送が開始されたとの発表があった。後述する物効法における総合効率化計画認定を経たのはヤマト運輸、日本通運、セイノーホールディングス傘下の西濃運輸、日本郵便の４社であった。従前、幹線輸送を個別に行っていたところ、トレーラー（被牽引車・後部車両）をヤマト運輸、そしてトラクター（牽引車・前頭車両）を同社以外の３社が手配し、共同輸送をするというものであった（**図27**）。国土交通省発表の試算によれば、トラック運転手の運転時間は年間で9157時間削減でき、CO_2排出量としても年間216.5ｔ削減できるとの見込みである。

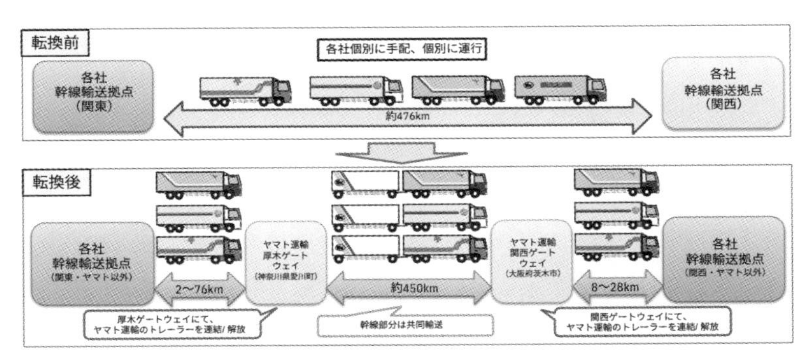

図27　国土交通省資料『25mダブル連結トラックを活用した共同輸送による物流効率化』より引用

同計画での特徴的な点は物流業界を牽引している複数の企業が手を結んだことである。特に従前は各社それぞれに自前の伝票管理を行っていた。しかし近年、伝票についての標準化も進んでおり共同輸送についての下地が育ってきているともいえる。

2024年７月に開催された第24回物流小委員会の資料（ダブル連結トラックの導入状況及び利用促進策について）によれば、2024年３月時点で許可件数が414件と増加傾向にあるが、導入した事業者数が16社とまだまだ普及は進んでいない状況である。

今後の課題としては、専用駐車マスの確保、通行区間の拡充、特車許可手続の簡素化・迅速化などが挙げられているが[57]、いずれも利用促進策を検討事項とされている。これから国としてダブル連結トラックの推進へと注力する流れが見て取れるため、早期の導入に向けて動き出すことも１つの選択肢である。

⑦ 駐車スペース関連施策

改善基準告示の遵守のためには、トラック運転手の休憩時間の確保が不可欠である。特に前頁のダブル連結トラックにおいては「物流革新に向けた政策パッケージ」の中で、その大きさに対応した駐車マスの整備が名言されている[58]。

2024年４月２日には東日本高速道路株式会社、中日本高速道路株式会社、西日本高速道路株式会社の連名で「休憩施設における大型車駐車マス拡充の取組みについて」というプレスリリースが発表された。

同発表によれば、大型車マス（兼用マスおよびダブル連結トラックマスを含む）について、2023年度には約630台の拡充が完了し、2024年度には約560台の拡充を予定している。また、駐車マスの整備・拡充に加えて予約システムについても2021年４月から運用が開始されているところである。また、2023年11月から短時間限定駐車マスの仕組みの実証実験を開始しており、今後より適切な休憩時間の確保に向けて期待されるところである。

物販系分野でEC市場の拡大により宅配需要が増大した結果、路外の駐車スペースの問題も生じている。快適な歩行空間、そして円滑な道路空間の確保のための荷さばきの駐車対策は重要である。これに対応して、貨物集配中の車両に関する駐車規制の見直しが行われた。2023年２月の

57 第23回物流小委員会「ダブル連結トラックの導入状況及び利用促進策について」、2023

58 我が国の物流の革新に関する関係閣僚会議「物流革新に向けた政策パッケージ」、2023

警察庁通達により、集合住宅や中高層オフィスビル、小規模ビル等が密集する市街地等の地域にて、貨物集配中の車両に限定して駐車規制の緩和（**図28**）が行われた（貨物集配中の車両に係る駐車規制の見直しに向けた継続的な取組の推進について[59]）。

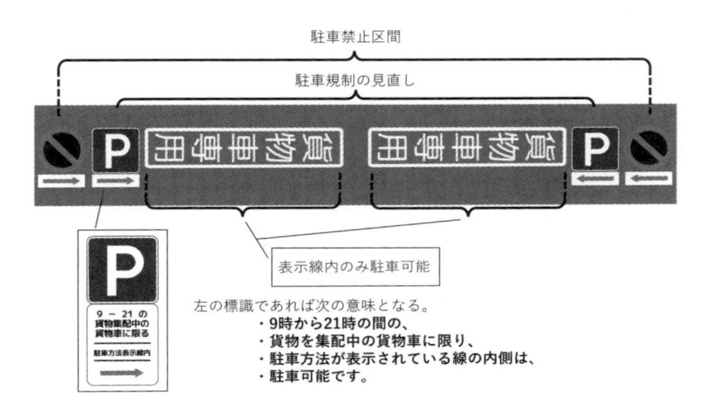

図28　警視庁ホームページ『「貨物集配中の車両に係る駐車規制の見直し」とは　実施イメージ』を参考に作成。

今後、制度全体の見直しが検討されるところではあるが、現行の制度についてはあくまでも「現に貨物の集配を行っている貨物車」などの限定がなされている。貨物車であったとしても、食事や休憩の利用は認められず、「なるべく20分以内」という時間的制約もある。

実施区域についても自治体により様々であるが、本書を執筆時点で、例えば東京都新宿区においては設置数２枠、東京都中野区においては設置数４枠など全くもって十分な数であるとはいえない。この点について、第７回地域産業活性化ワーキング・グループ（規制改革推進会議、2024年２月16日）において、「本通達後も依然として駐車場所に苦慮している」との提言がなされている（『駐車規制緩和要望』一般社団法人日本

59　警視庁「貨物集配中の車両に係る駐車規制の見直しに向けた継続的な取組の推進について（通達）」（警察庁丙規発第４号、丙交指発第３号令和５年２月９日）、2023

フランチャイズチェーン協会)。

同要望によれば、そもそも指定された枠のスペースが狭小であるとか、指定場所から搬送先までの距離が長すぎる点であるとか、そもそも貨物専用のはずが普通乗用車に使用されてしまっているなどといった指摘がなされている。

設置数の少なさはもちろんだが、設置場所から搬送先までに800mもかかってしまうのであれば改善基準告示の遵守への施策としては全くもって不十分であると言わざるを得ない。現状としては配送員の増員実施を余儀なくされたり、配送距離の増加となってしまったりしているのが実態である。

駐車スペース関連施策は現状まだまだ改善の余地があると見受けられるところである。しかしながら、トラック運転手の休憩時間の確保、配送業務効率の観点から必要不可欠な施策である。このまま拡充されていけば、運行計画の中に組み込んでより効率的な物流計画も実施できよう。地方自治体も含めた関係各所の調整などが必要だろうが、早急に改善して実効性の確保に努めて頂きたいところである。

⑧ 物流DX推進の普及

物流効率化の実現に向けた関連施策の目玉がこの「物流DXの推進」だ。DXとはこれまで触れたところではあるが、デジタルトランスフォーメーション(Digital Transformation)の略である。要するに、デジタル技術によってビジネスモデルを変革する取り組みだと考えればよい。ちなみにDXのXとは、TransをXと省略することに由来するようである。

現在、国策として行おうとしているDXの推進は、いわゆるロジスティクス4.0への変革である。一般に、ロジスティクスの革新について歴史を紐解いたとき4つの区分について段階的に革新を遂げていると言われる[60]。

60 小野塚征志著『ロジスティクス4.0』、2019、日経BP

日本全体として物流DX推進を考えるのであれば、官民それぞれに着手すべきことはいうまでもない。民間の視点としては、そもそも自社はどの段階にあるのか、そしてどの方向に向けて革新を行うべきであるか戦略的に考えることが必要になるだろう（図29）。

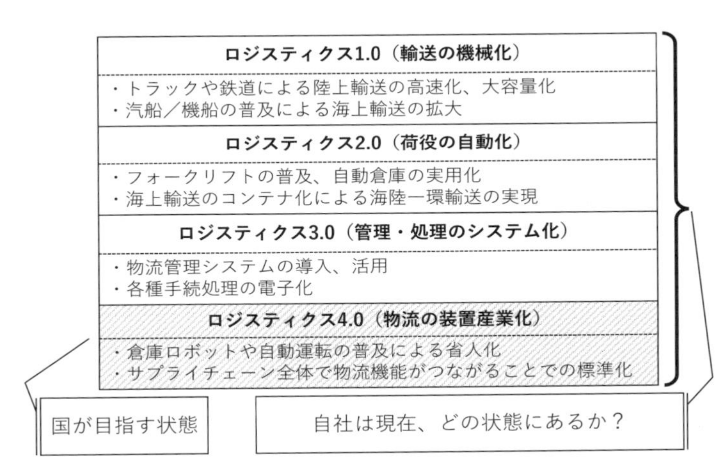

図29　国が目指す姿と自社戦略（小野塚征志著『ロジスティクス4.0：物流の創造的革新』16頁『ロジスティクスにおけるイノベーションの変遷』を参考に作成）

2023年の「物流革新に向けた政策パッケージ」を受けて、国土交通省は2023年10月１日に自動車局と総合政策局の物流部門を統合した「物流・自動車局」を発足させた。物流2024年問題等の課題への対応を万全にすることが狙いである。

物流DX推進関連の施策は多岐にわたるが、そのうちの一つとして『物流施設におけるDX推進実証事業』が挙げられる。補助金による支援を通して物流DXを普及させようという目論見である。

同事業は補助上限額の大きさもさることながら、申請前の計画策定段階で伴走支援も視野に入れてスキームを組んでいる点、非常に手厚いといえる。

本書を元に全く同じ公募の補助金申請を行うことは時期的に不可能で

あるが、参考までに2024年５月31日に締切となった二次公募の概要は次の通りである。国の予算次第だが、同種の補助金によって物流DX化の推進という流れは今後も継続される可能性がある。こういった国の後押しは是非とも活用すべきである。

本事業の狙い	①先進モデルの実証（先行する事業者） ②業界全体への取組拡大（その他の事業者）
取り組むべき物流施設のDX	システムと自動化・機械化機器の導入、連携によって「物流施設の効率性の向上」、「物流施設の付加価値の創造」を促進し、物流全体の課題解決に貢献する。 ※単なるシステム導入によるDX化ではなく、あくまでも物流効率化が目標。
補助対象事業	下記①②を同時に行う（上限は合計１億4000万円）物流DX化実証事業。 ①システムの構築・連携 補助上限2,500万円（補助率1/2） 具体例：倉庫管理システム、在庫管理システム、AIカメラシステム、伝票電子化システム等 ②自動化・機械化機器の導入 補助上限１億1,500万円（補助率1/2） 具体例：無人搬送機器、無人フォークリフト、無人荷役機器、自動倉庫等
申請できる者	①登録を受けた倉庫事業者（倉庫業法第３条） ②登録を受けた第一種貨物利用運送事業者(利用法第３条) 許可を受けた第二種貨物利用運送事業者（利用法第20条） 外国人等による国際貨物運送に係る貨物利用運送事業（利用法第35・45条） ③許可を受けたトラックターミナル事業者（自動車ターミナル法第３条） ④許可を受けた一般貨物自動車運送事業者(貨物法第３条) 許可を受けた特定貨物自動車運送事業者（貨物法第35条） 届出をした貨物軽自動車運送事業者（貨物法第36条） ⑤物流不動産開発事業者 ⑥その他①～⑤に掲げる事業者と共同で事業を実施する事業者 ※システムベンダー等の事業者が、単独で本事業の申請はできない。

KPI[61]の具体例	・トラックドライバーの待機時間を前年比○％削減する。 ・施設内の省人化を前年比○％達成する。

表４　物流施設におけるDX推進実証事業【公募要領】の概要

一般的な補助金の注意点として、実際に振り込まれるタイミングは「報告後の後払い」という点が挙げられる。交付決定前に機材等の購入を行ってしまうと、補助金の対象外となってしまう仕組みが原則的である。なお、交付決定前の機材等の購入について対象とする場合もあるが震災関連施策など例外的である。

一般的な補助金のスキームはおよそ次のような流れとなっていることが多い（**図30**）。なお、募集されている補助金ごとに趣旨や要件が異なる場合があるため、必ず最新の募集要領を確認すべきである。

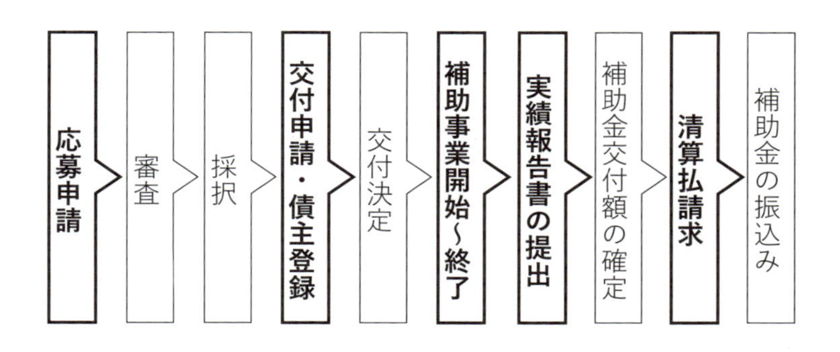

図30　一般的な補助金の流れ（太字は申請者が行うもの）

その他にも例えば、2023年には「中小トラック運送事業者向けテールゲートリフター等導入等支援事業（予約受付システム等の導入支援事業、業務効率化・経営力強化事業及び人材確保・育成事業）」といった補助金も実施されている。

61　KPI（Key Performance Indicator）とは、重要業績評価指標のことである。目標を達成するための重要な業績評価を設定し、その達成目標を評価することで目標の達成度合いを測定することが可能になる。

このシステムは通称「バース予約システム」と呼ばれている。元々は海運用語であり、係留船舶の荷卸しを行う岸のことをバース（Berth）という。ここからトラック業界においても、物流センター等における荷物の積み降ろし場所をバースと呼ぶようになった。トラックヤードと同義である。

トラック運転手の長時間労働の原因として長時間荷待ち時間があった。これを是正するため、物流拠点において事前に荷積みや荷卸しについて予約管理を行うことで、業務効率化が期待できる。

例えば、中継輸送（本章２の⑤を参照）について考えてみてもバース予約システムを活用することで効率的な積荷の入れ替えだとか、コンテナの入れ替えを行うことが可能となるだろう。

同補助金で特徴的なのは以下の３点が申請要件として課せられたことである。

①「ホワイト物流」推進運動の自主行動宣言を行っていること。

②働きやすい職場認証制度による認証を取得していること。

③パートナーシップ構築宣言を行っていること。

これらは物流業界の労働環境改善への取り組みといえ、国としては少しでも普及促進を図る狙いであろう。いずれも重要ではあるが、やや趣旨が異なるため、本章５の④で述べることとする。

補助金関連施策について上記の２つを例に挙げたが、他にも様々な補助金事業を行っている。例えば、災害対応力の強化等を目的とした「物流拠点機能強化支援事業」、荷主企業の物流効率化や自動配送ロボットの導入促進を目的とした「物流効率化に向けた先進的な実証事業」など枚挙にいとまがない。

物流DX関連分野は新規の補助事業が生じたり、既存の補助事業の追加公募がなされたり、日々目まぐるしく最新情報が更新され続けているといっていい。

あらゆる分野で共通する話ではあるが、更新され続けている情報をしっかりとキャッチすることは非常に重要である。

⑨　物流DXと自動運転分野

2024年１月30日の岸田文雄首相による施策方針演説において、「自動運転についても、2024年度において、社会実装につながる一般道での通年運行事業を20カ所以上に倍増し、全ての都道府県での計画・運行を目指します。」と述べている。自動走行分野については2016年に国土交通省自動運転戦略本部が設置され、以降、自動運転に関するルールなど議論されていたところである。

トラックのみならず、バス、タクシー、鉄道、船舶といった分野も含めて現在少しずつ自動走行の実現が進められている。例えば、高速道路に限定されたとしても自動運転が実現できればトラック運転手の負荷は大きく削減できるだろう。また、遠隔型の自動運転の開発も進められており、こちらもトラック運転手の負荷軽減が期待できる。

公道の実証実験について、2017年に「自動運転の実証実験に係る基準緩和認定制度」が創設された。また、2018年３月には遠隔型自動運転システムについても基準緩和認定制度が拡充されている。さらには2023年４月に改正された道交法によりレベル４の自動運転が一部解禁される流れとなり、同年には国内初の運転手を必要としない電動カートが認可されている。この基準緩和認定制度については、当該認定のほか道交法第77条の許可等の手続が必要となる場合がある点に留意すべきである。

現在、公道での自動運転実証等の実施については自動運転レベルによって必要な手続が異なる。そのため、自動運転レベルについて整理を行う。

自動運転の呼称はユーザーへ広く浸透することはもちろん大事なのであるが、例えば実際は補助的な役割を担っていたとしても「自動ブレーキ」という用語が一人歩きしてしまうと「危険を察知して必ず勝手に止まってくれる」と誤解を与えかねない。そうした懸念を踏まえてASV（先進安全自動車）推進検討会によって用語の整理・統一化が行われ、2020年12月11日に国土交通省により公表された。当該公表についてまとめると、次の表の通りである。

レベル	自動運転レベルの概要	運転操作の主体	対応する車両の名称
レベル1	以下の①②**どちらかが部分的に**自動化された状態。 ①アクセル、ブレーキ操作 ②ハンドル操作	運転者	運転支援車
レベル2	①②の**両方が部分的に**自動化された状態。	運転者	運転支援車
レベル3	特定の走行環境条件を満たす**限定された領域**において、自動運行装置が運転操作の**全部を**代替する状態。ただし、自動運行装置の作動中、自動運行装置が正常に作動しないおそれがある場合においては、運転操作を促す警報が発せられるので、**適切に応答**しなければならない。	自動運行装置（自動運行装置の作動が困難な場合は運転者）	条件付自動運転車（限定領域）
レベル4	特定の走行環境条件を満たす**限定された領域**において、自動運行装置が運転操作の**全部を**代替する状態。	自動運行装置	自動運転車（限定領域）
レベル5	自動運行装置が運転操作の**全部を**代替する状態。	自動運行装置	完全自動運転車

表5　自動運転車両の呼称（国土交通省の公表資料を参考に作成）

全てを手動で運転している従来の車両の状態を「レベル０」とすると、そこから段階的に区分けされている。完全な自動運転の状態が「レベル５」というわけである。

2020年４月には既に改正道交法の施行により「レベル３」の自動運転の環境が整備されるに至っている。上表の記載にもあるように、「レベル３」の段階は完全な自動運転ではない。自動運行装置から引継ぎ要請が発せられた場合には、運転操作を直ちに確実に引き継ぐことが求められている点には注意が必要である。

デジタル庁の主導により、2023年12月よりモビリティワーキンググループも設置されている。自動運転、ドローン、サービスロボットなど地域のモビリティを支える技術の事業化に向けた取り組みである。2024年６月21日には「モビリティ・ロードマップ2024」が策定された。自動運転について世界に目を向けてみるとアメリカにおいてはWaymo、Cruise、中国においてはBaidu、Momenta、Pony.ai等が活用を進めており、実証段階ではあるものの習熟したプロのドライバーと比較しても遜色のない運転技術を披露している事例も見られるという[62]。海外で急速に進みつつあるデジタル技術を活用したモビリティサービスの構築は、データの集積や利用環境の整備が必要であり、この観点から日本においても国際競争力を高めるべく着手すべきであろう。

今後の見通しとしては、高速道路における合流等について、経産省等の車両開発・実証事業と連携し、路車協調による情報提供システムの整備・検証を予定している。路車協調システムとは、図31のように合流支援情報や落下物情報、工事規制情報などについて道路管理者を介し、レベル４での自動運転トラックを対象に情報提供を行うものである。2024年度には、新東名高速道路の約100㎞において深夜時間帯に自動運転車優先レーンを設定して自動運転トラックの運行を支援する。さらに、2025年度以降には東北自動車道等への展開も予定されている。

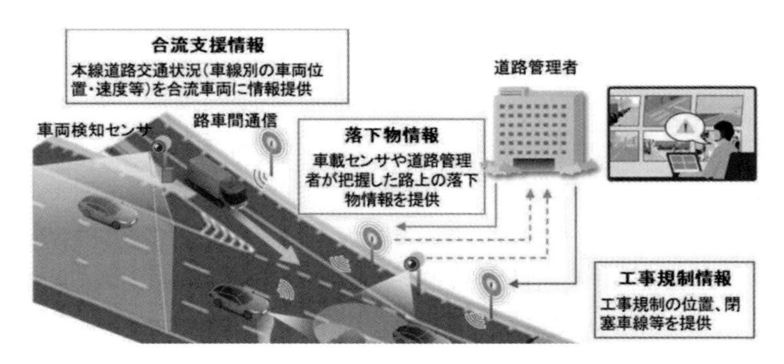

図31　路車協調システム（デジタル庁『モビリティ・ロードマップ2024』29頁より引用）

62　デジタル社会推進会議／モビリティワーキンググループ「モビリティ・ロードマップ 2024」、2024

直近の民間の動きとしては、2024年７月16日に株式会社豊田自動織機より空港制限区域内におけるレベル４の自動運転を無人貨物搬送の試験運用を実施するとのプレスリリースが発表された。この取り組みは国内初であり、全日本空輸株式会社との実証実験を踏まえ、2024年７月１日から19日間、完全自動運転であるレベル４の試験運用を実施する。今回の試験運用では、貨物コンテナを牽引した状態で、安全にレベル４の自動運転が可能かの検証、そして課題等の抽出を行っていく。

トラック事業そのものではないが、2024年６月24日に鹿島建設株式会社より自動運転レベル４でのバスの運行を開始するとのプレスリリースが発表されている。同発表によれば鹿島建設株式会社、BOLDLY株式会社及び羽田みらい開発株式会社等は、羽田空港の隣接商業施設であるHANEDA INNOVATION CITY内においてBOLDLY社による自動運転レベル２のバスについて定常運行は既に開始していた。今回、特定自動運行許可及び道路使用許可を取得したことで国内初となる自動運転レベル４のバスの運行となる。

いずれも羽田空港に関係する形で貨物・旅客の両面から国内初の自動運転レベル４が開始したことが興味深い。確かに空港は広大な面積を有しており、貨物・旅客の実証実験には非常に適した環境だったといえる。羽田空港での安全運行が確認できれば、これは全国の空港へと広がりを見せるのではないか。

案外、自動運転の波は空港から波及していくかもしれない。

自動運転は何もトラック、鉄道、船舶といった大型の輸送モードに限った話ではない。自動配送ロボットについても現在実証実験が重ねられている。2023年４月１日には改正道交法の施行により公道を走行することが可能となっている。2024年２月14日には「自動配送ロボット活用の手引き」が経済産業省により策定されており、普及・促進を目指している。同制度については事前届出が必要であるものの、公道を自動配送ロボットが通行できるようになったことで様々な活用が想定できるだろう。

経済産業省の資料[63]によれば、「ガソリンスタンドを拠点とした複数店舗の商品配送」、「小売店舗から個人宅への日用品の配送」「商品をタクシーや路線バスでリレー輸送した個人宅への配送」などの活用事例が挙げられている。そのほかにも、例えば公道の制約がなくなったため、物流拠点間における貨物のやり取りなどにも応用が効くのではないだろうか。まさにアイディア次第で様々な活用方法が想定できるため、今後の展開に期待できる。

2023年４月25日に総務省より公表された「デジタル田園都市国家インフラ整備計画（改訂版）」においても自動運転関連施策は盛り込まれている[64]。前述のレベル４の自動運転については2025年度を目途に50か所、2027年度を目途に100か所程度の地域での実現を政府目標として掲げているため、これに対応すべく５Ｇの基地局整備等を推進する具体的施策を掲げている。

さらに、これらの計画を踏まえて2024年６月に経産省より「デジタルライフライン全国総合整備計画」が公表された[65]。同計画は大きく４つの施策となっており、うちアーリーハーベストプロジェクトの中で「ドローン航路関連」「自動運転サービス支援道関連」「インフラ管理DX関連」についてKPIが作成されている。

以上のように自動運転分野についても制度変遷が非常に目覚ましい。今後も制度改正が多岐にわたって行われることが予想されるため、最新情報の入手を特に意識すべきである。

⑩　ドローン関連施策

前述した「デジタル田園都市国家インフラ整備計画（改訂版）」や「デジタルライフライン全国総合整備計画」の中で大きく取り上げられているのがドローン関連施策である。

特に、EC市場拡大に伴う宅配需要の増加からラストワンマイルの問

63　経済産業省「自動配送ロボットの社会実装に向けて」、2023
64　総務省「デジタル田園都市国家インフラ整備計画（改訂版）」、2023
65　経済産業省「デジタルライフライン全国総合整備計画」、2024

題が挙げられているところである。都市部における駐車スペースの問題は本章２の⑦でも取り上げたところではあるが、駐車禁止の規制緩和施策について現状不十分であると言わざるを得ない。また、地方では過疎化や高齢化など現状のままでは立ち行かなくなる地域についてもドローン物流の導入によって持続可能な生活への貢献に期待されている。

過疎地・離島物流、医薬品物流、農作物物流において実証実験進んでおり、「行政ニーズに対応した汎用性の高いドローンの利活用等に係る技術検討会」にて報告がなされている[66]。

ドローン分野においては2022年12月５日の改正航空法施行により、いわゆる「レベル４飛行」の解禁により無人航空機の新制度がスタートした。それに伴って、機体認証、無人航空機操縦者技能制度、各種運行ルールが新たに整備されている。

2024年６月には「無人航空機に係る規制の運用における解釈について[67]」が改正された。特に「目視」についての定義については飛行許可の要否に関わるので留意すべきである。例えば飛行状況を専らモニターや双眼鏡等を用いて見ることは視野が限定されるため該当されないこととされている。

執筆時現在、ドローン制度は次の飛行カテゴリーにより区分されている。

飛行する空域	人口集中地区の上空、150m以上の上空、空港等の周辺など一定の空域を飛行する場合、特定飛行に該当する。原則として飛行許可が必要。
飛行の方法	目視外の飛行、夜間の飛行、危険物の輸送など一定の方法で飛行する場合、特定飛行に該当する。原則として飛行許可が必要。

66 国土交通省「国土交通省のドローン活用事例」、2022

67 国土交通省「「無人航空機に係る規制の運用における解釈について」（国空無機第19380号令和６年６月10日）、2024

カテゴリー	概　　要	手続の要否
カテゴリーⅠ	特定飛行に該当しない飛行。	飛行許可等の手続は不要
カテゴリーⅡ	特定飛行のうち、人口集中地区の上空など一定の場合で、無人航空機操縦士等の要件を満たすもの。飛行経路内において立入管理措置を講じたうえで行う飛行。	飛行許可等の手続は不要
	特定飛行のうち、150m以上の上空など上記の場合に該当しないもの。飛行経路内において立入管理措置を講じたうえで行う飛行。	飛行許可等の手続は必要
カテゴリーⅢ	特定飛行のうち、飛行経路内において立入管理措置を講じないで行う飛行。一等無人航空機操縦士等の要件を満たす必要がある。レベル４飛行を含む。	飛行許可等の手続は必要

表６　無人航空機の飛行許可・カテゴリーの概要（国土交通省『無人航空機の飛行許可・承認手続』を参考に作成）

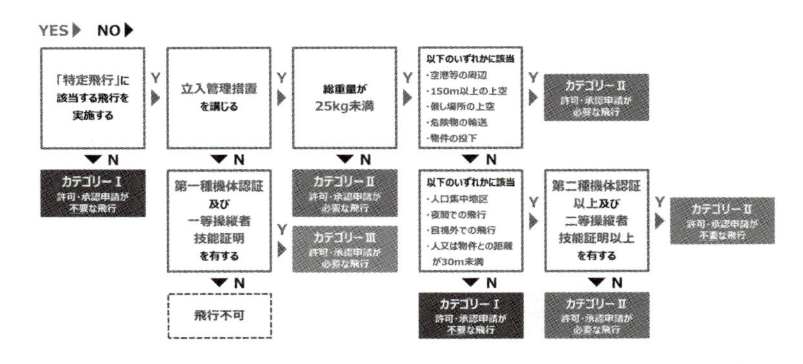

図32　飛行カテゴリー決定のフロー図（国土交通省ホームページ「無人航空機の飛行許可・承認手続」より引用）

また、「レベル」という概念も度々登場するが、次のようになっている。レベル４飛行を無人航空機による自動運転とした場合にどれだけ自動化が進んでいるかという指標である。

レベル	概　要
レベル１	目視内での操縦飛行
レベル２	目視内で自律飛行
レベル３	無人地帯での目視外飛行
レベル４	有人地帯での目視外飛行

表７　各レベルについて（国土交通省『無人航空機レベル４飛行ポータルサイト』より抜粋）

物流分野におけるドローンの活用として、「過疎地域等におけるドローン物流ビジネスモデル検討会」が2019年３月より設置されているが、2023年３月には「ドローンを活用した荷物等配送に関するガイドラインVer.4.0」が策定されている。同ガイドラインは頻繁に改訂がなされているので注意が必要ではあるが、特に法令編として諸法令との関係がわかりやすく解説されている。

航空法への理解はもちろん、河川法、自然公園法、国有林野の管理経営に関する法律、港則法、海上交通安全法、土地改良法、道交法などドローン運行に関する諸法令は非常に広範囲にわたるため、注意が必要である。

また、こちらも「過疎地域等における小型無人機を使用した配送実用化推進事業」、「過疎地域等における無人航空機を活用した物流実用化事業」といった補助金事業も展開されている。現状、実証実験に近い位置付けであるが、展開次第によっては物流DX化の一環として注力される余地があるため引き続き注視する必要がある。

⑪　フィジカルインターネット

フィジカルインターネットとは、「インターネット通信の考え方を、物流（フィジカル）に適用した新しい物流の仕組み」と定義され[68]、

68　経済産業省「2021年度 第１回 フィジカルインターネット実現会議」、2021

「物流革新に向けた政策パッケージ」の中でも国の施策として重点的に取り組まれている。

IoT[69]技術やAI[70]技術を物流分野に活用し、ネットワークを構築するという共同輸配送システムの構想である。

元々の着想としてはインターネットに由来している。現代のインターネットは、決められたルール（プロトコル）のもと不特定の複数端末間で情報をやり取りしている。これを物流の世界（フィジカル）にも応用しようという試みである。第３章で述べたサプライチェーン・マネジメント（SCM）をいわば事業者や業界の垣根を超えて社会全体として目指そうというのである。

2021年10月に経済産業省及び国土交通省の共管で、「フィジカルインターネット実現会議」が設置された。特徴的な話としては、例えば化学業界や事務機器業界といった分野別にワーキング・グループが組織されている点である。もちろん、垂直統合だけでなく分野を超えた平行統合も肝要ではあるが、しかし、業界ごとにボトルネックを整理して効率化を目指すという事も一定の効果があるといえるだろう。

また、これと関連して2022年６月には一般社団法人フィジカルインターネットセンター（以下、「JPIC（Japan Physical Internet Center）」という。）が設立された。JPICは民間の位置付けではあるが、会員はヤマト運輸株式会社、日清食品株式会社、日本貨物鉄道株式会社、NIPPON EXPRESSホールディングス株式会社、イオン株式会社、富士通株式会社など物流を主とする事業者のみならず多岐にわたる。物流2024年問題の根本的な解決を図るためには一事業者だけでは到底解決し得ないこと

69　IoT（Internet of Things）とは、インターネットに接続されていなかったもの（家電製品、住宅、自動車など）をサーバー等に接続して相互に情報交換をする仕組みのこと。

70　AI（Artificial Intelligence）とは、人工知能のこと。人の知覚や知性を人工的に再現できる技術であり、機械学習、翻訳、画像認識、自動運転など様々な分野で急速な発展を遂げている。

を何度も申し上げてきたところであるが、まさに業種の垣根を超えて連携がなされようとしている。

2022年3月8日には「フィジカルインターネット・ロードマップ」が策定され、中長期的な見通しが示された。構想としては2025年までを準備期、2030年までを離陸期、2035年までを加速期、2040年までを完成期として、このゴールとしては効率性（世界で最も効率的な物流）、強靭性（止まらない物流）、良質な雇用の確保（成長産業としての物流）、ユニバーサル・サービス（社会インフラとしての物流）が掲げられている。

それらを目標としつつ具体的な施策は多岐にわたるが、大まかにロードマップをまとめると次のようなものである。なお、各項目については相互に密接に関連しているものばかりであり、各項目の取り組みはそれぞれ連動している。

項目	ロードマップの概要
輸送機器（自動化・機械化）	・高速道路でのトラックの自動運転実現 ・限定地域での無人自動運転移動サービス実現 ・低速、小型の自動配送ロボットによる自動配送サービスの実現 ・ドローンによる離島や山間部等における輸配送の効率向上 ・トラックデータ連携や積替拠点の荷役の自動化、標準化 ・既存の輸送手段（鉄道、船舶等）の活用によるモーダルシフトの取組
物流拠点（自動化・機械化）	・荷受け、配送管理業務でのデジタル化 ・手続の電子化による入出庫業務の効率化 ・AIやIoT等による物流施設全体の可視化 ・マテハン導入等による業務効率化 ・中継輸送のネットワーク拡大
垂直統合（BtoBtoCのSCM[71]）	・SCM を中心に据えた経営戦略の構築 ・データや機能の連携、統合とデジタル化及び物流標準化 ・SCMには循環経済の観点から静脈物流まで包含する ・パレットの標準化とユニットロードシステムの確立

	・業界内の関係者間による具体的なアクションプランの策定 ・2030年代にはサプライチェーンからデマンドウェブ[72]を目指す
水平連携（標準化・シェアリング）	・事業者間の連携を円滑にするため共同化、自動化、データ化等の前提としてハード面（ユニットロード等）、ソフト面（ソフトや識別コード等）、業務プロセス面についての標準化 ・先行的に物流資材（パレット等）の標準化 ・フィジカルインターネットコンテナ（PIコンテナ）の普及促進
物流・商流データプラットフォーム	・民間主体の物流管理プラットフォームの相互接続 ・開発中の「物流・商流データ基盤（IaaS[73]・PaaS[74]）」の本格的運用 ・中小事業者も含む幅広い事業者が参画できるデータ連携を実現 ・2031年以降は、物流関連情報のみならず保険等の金流や気象情報、交通情報等様々なデータ連携を目指す。
ガバナンス	・現行の小規模なプラットフォームから大規模なプラットフォームへ。 ・求貨求車マッチングや倉庫シェアリング等の発展 ・投資効果の最大化のため多様な事業主体の連携

表８　フィジカルインターネット・ロードマップ

71　BtoBtoCのSCMとは、第３章で述べたサプライチェーンマネジメントと同義であり、企業の枠を超えて、調達物流（BtoB）→生産→販売物流（BtoC）といったサプライチェーン全体の最適化を図ることである。

72　デマンドウェブとは、輸送機器や倉庫等の物流拠点だけでなく製造拠点も共有して全体最適化を図ること。「売れないものは作らない、運ばない」といった輸送量を減らすロジスティック戦略が可能になる。

73　IaaS（Infrastructure as a Service）とは、サーバーやハードウェアなどシステム構築のためのインフラをクラウド上で提供するサービスのこと。開発のための素材や環境がクラウド上にあるため、すぐに利用できる。

74　PaaS（Platform as a Service）とは、サーバーやハードウェアだけでなくデータベースなどシステム構築のためのプラットフォームもクラウド上で提供するサービスのこと。より開発へ参入しやすくなる。

⑫ 物流標準化の推進

「標準化」とは、一般に技術などの統一化を図ることである。例えばネジという部品を考えて見たときに、同じような太さ、ネジ穴であることをイメージするとよい。技術やシステム、物事を統一化して普及させることによって原則として誰でも簡単に使うことができるようになる。ネジという部品が標準化されたことによって社会的な利益が大きかったことは容易に想像がつくだろう。

東京理科大学イノベーション研究科元教授の藤野仁三先生の言葉を借りれば「標準」の定義は次の要件を満たすものである[75]。

まず、①公開情報であることである。知的財産権により保護し、またはノウハウなどによる秘匿された情報だとすれば容易にアクセス・使用することができない。次に、②その公開情報が入手希望者に対して同じ条件で提供されることである。公的な標準化機関が作成した公的標準の場合には特に重要である。そして、③関係者の合意を得ていることである。この合意形成こそが「標準化」であって、合意形成の度合いに応じて地方標準、国家標準、国際標準などの違いが生じてくる。

本章４の⑪で述べたJPICの取り組みは企業支援、業界団体との連携、啓蒙活動、政策提言など多岐にわたるが、中でも国際標準化に向けた取り組みも行っている。2024年６月26日に開催された「2024年度　第１回フィジカルインターネット実現会議」においては物流分野の国際標準化は特に中国、韓国が積極的であり、日本も取り組むべきである旨の指摘がなされたところである。

まさに国際競争力の観点からグローバルスタンダードを意識した施策を行うことは非常に重要である。

例えば、海運関係でいえば、2024年２月16日に国土交通省より「新しい国際コンテナ戦略港湾政策の進め方検討委員会　最終通りまとめ」が公表された。同委員会による検討目的はおよそのところ、国際基幹航路

75　藤野仁三、江藤学著『標準化ビジネス』、2009、白桃書房

を日本の港湾へ誘致することにある。国際的な海運を考えたとき、コンテナの規格の違いは無駄な荷待ち時間の発生につながるし、何より規格が違って不便と感じる港湾をわざわざ利用するだろうか。

国際海上のコンテナのサイズは2007年より45フィートコンテナが規格化されて以来、アジア主要国や米国において国内陸送も可能となっており、利用は拡大している。一方、国内では、道交法の規制もあって45フィートコンテナを積載した車両の公道走行は認められていなかった。その後、実証実験を経て2015年に改正道交法が施行されて許可基準の見直しが図られている。

前述したフィジカルインターネットで目指す水平連携においては業者間のハード面、ソフト面、業務プロセス面における標準化を謳っている。その意味でも国際標準は決して外してはならない視点であるといえる。

物流標準化の分野において先行して着手されているのは「パレットの標準化」である。国土交通省に設置された「パレット標準化推進分科会」により議論が進められ、2024年６月28日に「最終通りまとめ」が公表された。

トラック運転手の苛酷な労働環境になっている要因として、契約外の附帯業務として荷役作業によるバラ積み・バラ卸し等の業務を課されていたことはこれまで述べてきたところである。この手作業の荷役作業に対する有効な手段は、例えばフォークリフトを使用するといった機械化である。ここで問題となるのがそもそもパレットを使われていないという実態である。また、使われていたとしても、輸送時と保管時とで利用されるパレットの規格が異なっていたり、パレットの運用方法が異なることによりパレットの流出や紛失等を招く原因となっていたりした。パレットの規格・運用が標準化されれば、例えば次のような運用が可能となるだろう（**図33**）。

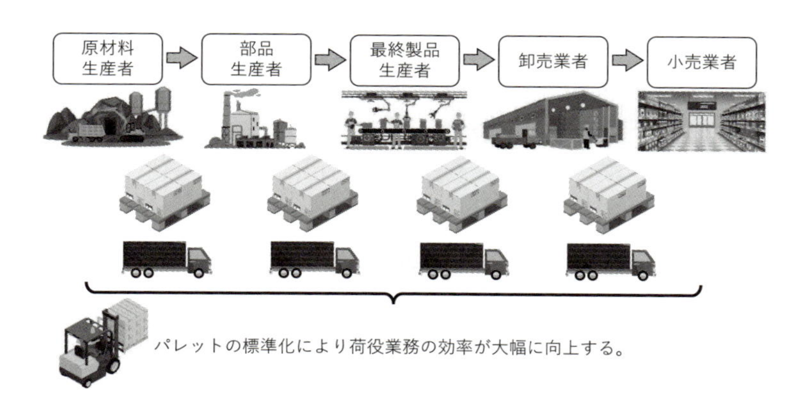

図33　パレットの規格・運用の標準化によるメリット

しかし、冒頭で述べたように「標準化」とは即ち合意形成である。国際協調を図りながら、公的標準と位置付けつつ国内全体として歩みを揃えることが重要となってくるであろう。

⑬　モーダルシフトの推進

モーダルシフト（Modal Shift）とは、環境負荷を軽減すべく二酸化炭素排出量の多いトラック輸送から、排出量の少ない鉄道輸送（約1/10相当）や船舶輸送（約1/5相当）へ切り替えることをいう。図25において船舶を用いた中継輸送の事例を挙げたが、これはまさに船舶へのモーダルシフトといえる。鉄道についても基本的な考え方は同様である（**図34**）。

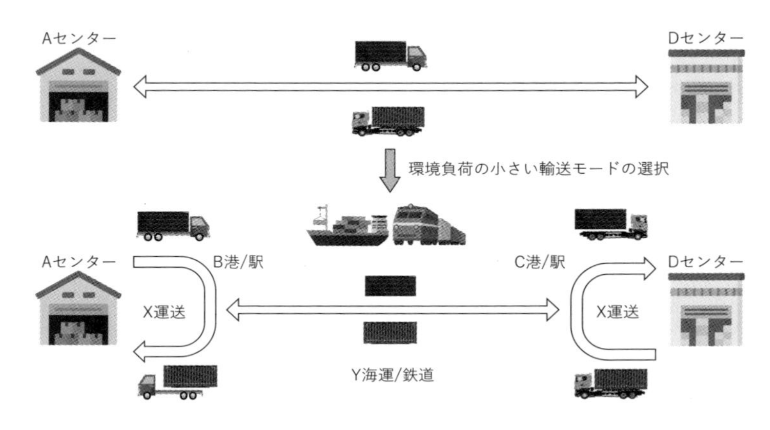

図34　船舶・鉄道を利用したモーダルシフト

元々は地球温暖化対策として着目されていた概念であるが、物流2024年問題を踏まえ改めて脚光を浴びている。物流革新に向けた政策パッケージにおいては次のように述べられており、これから本格的に推進していく気概が見て取れる。今後、各種政策の本丸となる可能性があるため、動向には注意が必要である。

（モーダルシフトの強力な促進）

トラック長距離輸送から鉄道や船舶へのモーダルシフトを強力に促進し、最適なモードを活用したモーダルコンビネーションの展開を図るために、コンテナ専用トラックやシャーシ、コンテナ等の導入を促進するとともに、貨物鉄道についての輸送余力等をより広い対象に見える化したシステムの導入、フェリーの積載率についての定期的な調査・荷主企業等への情報提供を行い、利用可能な輸送力について周知することにより、鉄道や船舶の利用促進及び積載率の向上を図る。

（[我が国の物流の革新に関する関係閣僚会議、物流革新に向けた政策パッケージ、2023] より引用。）

トラック運転手の長時間労働の環境整備の観点はもちろんであるが、近年のエネルギー高騰事情の対策としても有効だ。

2014年1月初頭のレギュラーガソリンの現金価格は全国平均158.3円/ℓであったところ、2024年1月初頭では175.5円/ℓとなり明らかな上昇を見せている[76]。輸送距離との兼ね合いになってしまうため一概にいえないが、物流コスト削減に貢献する余地もある。

しかしながら、一般にモーダルシフトはあまり進んでないと言われている。

国土交通省はモーダルシフト促進の一環として、利用可能な輸送力について調査を行っている。2023年7月〜2024年3月における中・長距離フェリー及びRORO船のトラック輸送に係る積載率については次の通りである[77]。なお、調査対象となった中・長距離フェリー航路の概略図は**図35**の通りであり、参考までに掲載する。

航路	中・長距離フェリー航路			RORO船航路		
	23.7-9	23.10-12	24.1-3	23.7-9	23.10-12	24.1-3
①北関東／北海道（上り）	80〜85%	80〜85%	70〜75%	—	—	—
①北関東／北海道（下り）	80〜85%	85〜90%	80〜85%	—	—	—
②北東北／北海道（上り）	—	35〜40%	20〜25%	—	—	—
②北東北／北海道（下り）	—	20〜25%	10〜15%	—	—	—
③東東北／北海道（上り）	80〜85%	80〜85%	75〜80%	60〜65%	50〜55%	65〜70%
③東東北／北海道（下り）	85〜90%	80〜85%	80〜85%	65〜70%	55〜60%	55〜60%
京浜／北海道（上り）	—	—	—	80〜85%	80〜85%	80〜85%
京浜／北海道（下り）	—	—	—	85〜90%	90〜95%	90〜95%
京浜／東東北（上り）	—	—	—	95〜100%	95〜100%	95〜100%
京浜／東東北（下り）	—	—	—	95〜100%	95〜100%	90〜95%
④中京／東東北（上り）	75〜80%	60〜65%	60〜65%	90〜95%	90〜95%	90〜95%
④中京／東東北（下り）	80〜85%	70〜75%	60〜65%	70〜75%	65〜70%	70〜75%
中京／北九州（上り）	—	—	—	80〜85%	70〜75%	80〜85%
中京／北九州（下り）	—	—	—	75〜80%	80〜85%	85〜90%

76 資源エネルギー庁「石油製品価格調査」、2024

77 国土交通省「中・長距離フェリー、RORO船のトラック輸送に係る積載率動向」2024

⑤北陸／北海道（上り）	70〜75%	70〜75%	70〜75%	90〜95%	75〜80%	70〜75%
⑤北陸／北海道（下り）	70〜75%	70〜75%	70〜75%	80〜85%	85〜90%	85〜90%
北陸／北九州（上り）				25〜30%	25〜30%	25〜30%
北陸／北九州（下り）				50〜55%	55〜60%	50〜55%
⑥阪神／北海道（上り）	60〜65%	60〜65%	60〜65%	—	—	—
⑥阪神／北海道（下り）	55〜60%	60〜65%	55〜60%	—	—	—
⑦阪神／北四国（上り／下り）	55〜60%	50〜55%	50〜55%	—	—	—
阪神／北四国（上り）	—	—	—	80〜85%	85〜90%	80〜85%
阪神／南中国（下り）	—	—	—	55〜60%	60〜65%	55〜60%
南中国／北四国（下り）	—	—	—	55〜60%	60〜65%	70〜75%
⑧北四国／北九州（上り）	30〜35%	30〜35%	20〜25%	—	—	—
⑧北四国／北九州（下り）	40〜45%	35〜40%	30〜35%	—	—	—
京浜／阪神（上り）	—	—	—	85〜90%	95〜100%	85〜90%
京浜／阪神（下り）	—	—	—	75〜80%	85〜90%	70〜75%
京浜／北四国（上り）	—	—	—	35〜40%	60〜65%	55〜60%
京浜／北四国（下り）	—	—	—	75〜80%	—	—
京浜／南中国（上り）	—	—	—	80〜85%	80〜85%	80〜85%
京浜／南中国（下り）	—	—	—	60〜65%	65〜70%	80〜85%
⑨京浜／北九州（上り）	70〜75%	75〜80%	70〜75%	70〜75%	75〜80%	80〜85%
⑨京浜／北九州（下り）	75〜80%	75〜80%	75〜80%	80〜85%	80〜85%	85〜90%
京浜／南九州（上り）	—	—	—	85〜90%	85〜90%	80〜85%
京浜／南九州（下り）	—	—	—	85〜90%	80〜85%	75〜80%
⑩阪神／北九州（上り／下り）	75〜80%	80〜85%	80〜85%	—	—	—
阪神／北九州（上り）	—	—	—	35〜40%	65〜70%	65〜70%
阪神／北九州（下り）	—	—	—	60〜65%	30〜35%	35〜40%
⑪阪神／中九州（上り）	65〜70%	70〜75%	65〜70%	—	—	—
⑪阪神／中九州（下り）	50〜55%	55〜60%	45〜50%	—	—	—
⑫阪神／南九州（上り／下り）	65〜70%	70〜75%	70〜75%	—	—	—
阪神／南九州（上り）	—	—	—	80〜85%	85〜90%	80〜85%
阪神／南九州（下り）	—	—	—	75〜80%	80〜85%	75〜80%

【備考】
・中距離フェリー航路：片道の航路距離100km以上〜300km未満で、陸上輸送のバイパス的な役割を果たす航路
・長距離フェリー航路：片道の航路距離300km以上で、陸上輸送のバイパス的な役割を果たす航路
・実際には季節や曜日、ドック期間（定期整備）によっても変動があるため、あくまで参考値。
・積載率70%未満の航路には網掛けを付して色付けを行っている。

表９　2023年７月〜2024年３月における中・長距離フェリー及びRORO船のトラック輸送に係る積載率

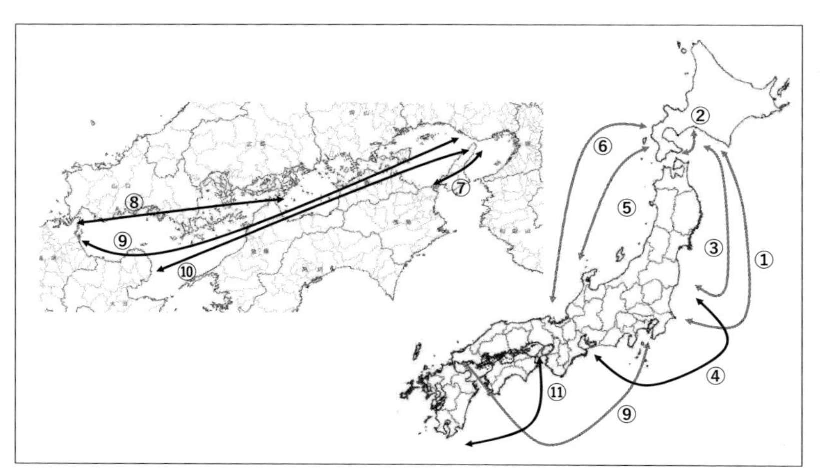

図35　調査対象となった航路（国土地理院「白地図」を加工し、国土交通省報道発表資料「積載率動向」を参考に作成）

表９及び図35で示したものはあくまでも船舶の積載率の問題であってモーダルシフトへの直接的な移行値を示すものではない。しかし、航路によって大きく積載率の高低があることは明らかである。

積載率が常に低いということは即ち、空気を運んでいることに他ならない。積載率が常に高い航路についても果たして最適化が図られているかはこのデータから読み取ることはできない。確かに目指すべきは高い積載率なのであるが、端的に輸送能力の余剰が少ないだけという可能性もある。モーダルシフトを推進することが重要なのは間違いないが、フィジカルインターネット・ロードマップにて述べられていた「不要なものを運ばない」というデマンドウェブにより全体最適化を図ることは今後の課題であろう。

78　2024年度第１回フィジカルインターネット実現会議（相浦宣徳）「北海道地域フィジカルインターネット懇談会などから生まれた『フィジカルな連携』」、2024

中継輸送を踏まえたモーダルシフトについて北海道の検証事例の報告がなされている[78]。北海商科大学教授の相浦宣徳先生によれば、都市部の輸送事情と地方の輸送事情は全く異なるため切り離して考えるべきであるという。特に地方都市、特に北海道が抱える「疎」の問題は顕著である。

中継輸送の拠点として札幌市を据え置いた場合、函館市は257km、旭川市は138km、稚内市は330km、帯広市は196km、釧路市は302km、北見市は305kmである（自動車道を経由した推定距離）。

仮にこれらを拠点として中継輸送を考えた場合においても、そこから先に「疎」が待ち構えているわけである。少子高齢化が極まっており、人口密度は減少の一途を辿ることは容易に想像に難くないところであるが、物流効率化の側面から個々の事業者だけでは労働生産性の向上は厳しい状況である。

この課題解決への一つの方策として、本章２の⑪で取り上げたフィジカルインターネットからのアプローチがここでは述べられている。即ち、可能な限り物流標準化を進めたうえでの共同輸送である。現在、北海道

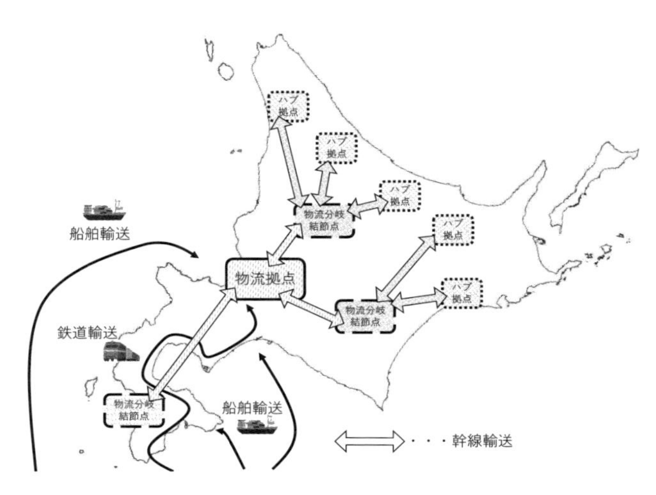

図36　北海道物流プラットフォーム（国土地理院「白地図」を加工し、2024年度第１回フィジカルインターネット実現会議資料を参考に作成）

での検証が進められているところであるが、おおよその構想は**図36**の通りである。

当該北海道における地域戦略の策定にあたって特徴的なのは、大前提として各地域の人口密度の推移、共同輸送に関連する小売店の分布状況を細かに算出している点である。基本的には中核都市ということになろうが、加えて地理的な側面も考慮したうえで「物流分岐結節点」を置く。そして、そこを二次的な物流拠点としたうえで各地のハブ拠点へとつないでいく。実現が期待される施策としては次の６つの項目が挙げられている[79]。

①物流分岐結節点・ハブ拠点を活用した大ロット（積合せ）共同輸送
②物流分岐結節点を核とした中継輸送
③幹線輸送における地域シェアリング
④地域内物流における地域シェアリング
⑤域内ハブ拠点の保管機能による季節変動の抑制
⑥片荷解消（空車、空コンテナ利用促進）

その他、国の施策としてはモーダルシフト推進に関連した補助金の導入、モーダルシフト大賞などのキャンペーンを行っている。

例えば2024年６月20日締切の「モーダルシフト加速化緊急対策事業」が挙げられる。補助事業の対象は、先進的なモーダルシフトの取組に資する機器（コンテナ、荷役機器、シャーシ、輸送トラック等）である。補助率は1/2であり、船舶利用は１億円、鉄道利用は３億円が上限と非常に大きなものとなっている。

特徴的なのは後述する物効法第４条の認定が要件と課されている点である。モーダルシフトの推進は国の物流2024年問題解決の糸口として中核的な位置付けであるため、今後も同法の認定が要件となる補助事業が当面は続くのではないかと筆者は見ているところである。

79　2024年度第１回フィジカルインターネット実現会議（相浦宣徳）「北海道地域フィジカルインターネット懇談会などから生まれた『フィジカルな連携』」、2024

2024年５月30日に「令和５年度　海運モーダルシフト大賞」が決定された。本キャンペーンは例年行われているところであるが、2023年度については優良事業者の中からダイキン工業株式会社、下関三井化学株式会社（荷主事業者２社）、活材ケミカル株式会社（物流事業者１社）の３社が大賞として選定された。物流事業者のみならず、荷主事業者も併せて大賞として選定するのが通例のようであるが、特に優秀な事業者がどのような取り組みによって物流2024年問題を解決しようとしているのか垣間見ることができる。これから物流効率化を検討している事業者は好事例として参考になるのではないだろうか。

エコシップ・モーダルシフト事業実行委員会のプレスリリースによれば、例えばダイキン工業株式会社の取り組みについて次のように述べている[80]。

> ダイキン工業㈱は、活材ケミカル㈱の仲介で着荷主となる下関三井化学㈱と連携を図り、リサイクル体制を整え、輸送当初より全量海上輸送を実現し、陸上輸送との比較で CO_2削減率69.2％を達成しました。専用海上コンテナを活用して大ロットでの輸送を実現、リサイクル輸送では異例の1000㎞を超える長距離輸送を可能にしたことで環境負荷の低減、陸送区間の運行短縮化により、ドライバー不足が懸念される2024年問題にも対応しています。
>
> （［エコシップ・モーダルシフト事業実行委員会、2024］より引用）

モーダルシフトは中継輸送を組み合わせることで上記検証例のように様々な物流効率化が期待される。

しかし、あくまでもモーダルシフトは手段であって目的ではない。目指すべきは物流2024年問題の解決であって、ひいてはトラック運転手の

80　エコシップ・モーダルシフト事業実行委員会「令和５年度エコシップ・モーダルシフト事業　優良事業者 46社に国土交通省海事局長表彰～「海運モーダルシフト大賞」も決定～」、2024

苛酷な労働条件改善、そして日本国内の物流最適化であるべきはずである。計画策定にあたってはこの点を決して忘れてはならない。

3 物流総合効率化法

2023年5月の「物流革新緊急パッケージ」の決定を受け、2024年4月26日に改正法案（流通業務の総合化及び効率化の促進に関する法律及び貨物自動車運送事業法の一部を改正する法律案）が可決・成立した。

同改正法案に関係する法令は多岐にわたるが、本項では「物資の流通の効率化に関する法律（物流総合効率化法、以下「物効法」という。）」について述べる。元々は「流通業務の総合化及び効率化の促進に関する法律」という題名であったが、物効法へと改めた。物流2024年問題を物流効率化の側面から絶対に解決するのだという国の決意表明のように伺える。

① 物流総合効率化法の概略

物効法とは、物流の効率化を図る事業に対する計画の認定、それに伴う支援措置を定めた法律である。

物流効率化の具体例としては、例えば、輸送網の集約（**図37**）、モーダルシフト（**図38**）、輸配送の共同化（**図39**）が挙げられる。

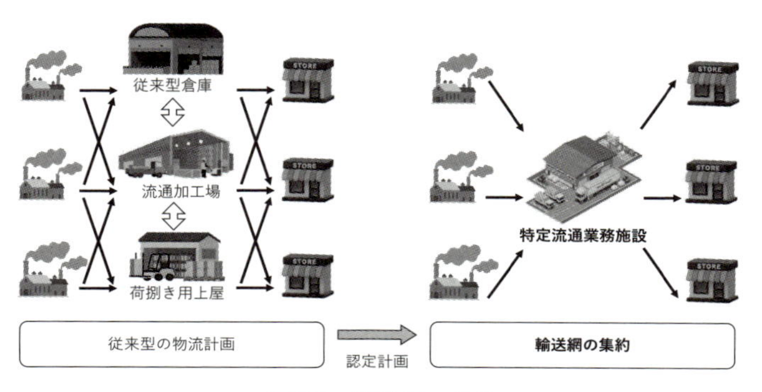

図37 輸送網の集約

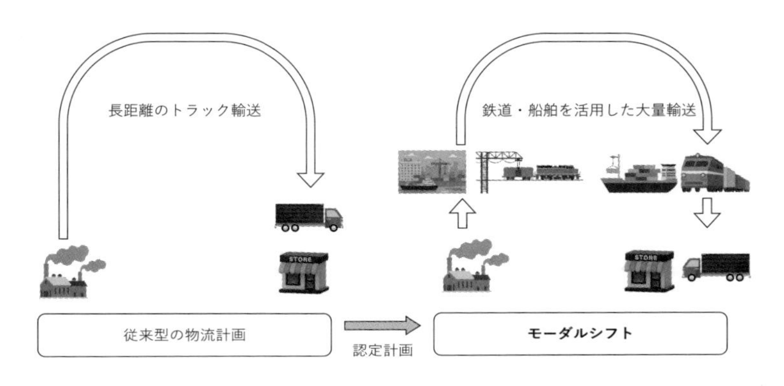

図38　鉄道・船舶を活用した大量輸送

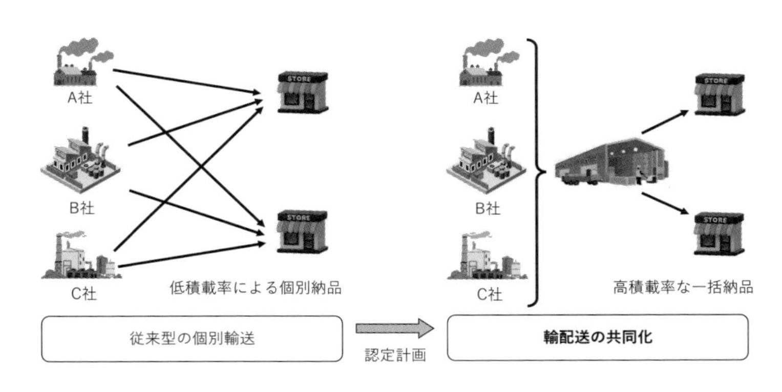

図39　輸配送の共同化

これらの物流効率化にかかる計画を「総合効率化計画」といい、所定の手続を行って計画の認定（物効法第４条）を受けると各種の支援策を享受できるという仕組みとなっている。物効法による認定は、例えば次のようなメリットがある。

物流事業の総合的実施の促進	⑴事業許可の一括取得（物効法第８条～第16条） 貨物利用運送事業・貨物自動車運送事業・倉庫業等の許可・登録等のみなし
特定流通業務施設の整備促進	⑵各種税制特例 法人税・固定資産税等の特例（特定流通業務施設である営業倉庫） ⑶港湾法の特例（物効法第17条） ⑷立地規制に関する配慮（物効法第21条） 市街化調整区域等における施設整備のための開発許可への配慮配慮 ⑸工場立地法による事務の配慮（物効法第22条）
輸送の合理化の促進	⑹運行経費等の支援 ①モーダルシフト等推進事業補助金による補助 ②総合効率化計画の計画策定経費の一部補助 ⑺社会資本整備総合交付金によるインフラ整備事業への配慮
金融支援による物流効率化の促進	⑻中小企業信用保険法の特例（物効法第18条） ⑼中小企業投資育成株式会社法の特例（物効法第19条） ⑽食品流通構造改善促進法の特例（物効法第20条） ⑾機構による資金の貸付（物効法第20条の２）

表10　物効法による認定のメリット

②　物流総合効率化法の2024年改正の概要

前述の通り2024年４月に一連の改正法案の可決・成立、そして2024年６月と８月に一部施行されている。

残りの改正部分については２段階で施行される予定である。

執筆時点でのスケジュールとしては2025年度中に一般則として荷主・物流事業者関連部分が、2026年度中に特定事業者関連部分が施行予定である[81]。

81　国土交通省「物流を取り巻く現状と取組状況について（令和６年6月28日 交通政策審議会 交通体系分科会 物流部会・産業構造審議会 商務流通情報分科会 流通小委員会・ 食料・農業・農村政策審議会 食料産業部会 物流小委員会 合同会議資料)」、2024

【荷主・物流事業者関連部分】 ①国が定める基本方針（改正物効法第33条関連） ②荷主・物流事業者の努力義務、判断基準等 ・荷主の努力義務、判断基準（改正物効法第42条・第43条関連） ・連鎖化事業者の努力義務、判断基準（改正物効法第61条・第62条関連） ・貨物自動車運送事業者等の努力義務、判断基準（改正物効法第34条・第35条関連） ・貨物自動車関連事業者の努力義務、判断基準（改正物効法第52条・第53条関連） ③取組状況に関する調査、公表（改正物効法第71条関連） ※条文数は特定事業者に対する規制措置の施行後のもの。
【特定事業者関連部分】 ①特定事業者の指定 ・特定貨物自動車運送事業者等の指定（改正物効法第37条関連） ・特定荷主の指定（改正物効法第45条関連） ・特定倉庫業者の指定（改正物効法第55条関連） ・特定連鎖化事業者の指定（改正物効法第64条関連） ②中長期計画、定期報告関連 ・中長期計画の作成、提出（改正物効法第38条、第46条、第56条、第65条関連） ・毎年の定期報告（改正物効法第39条、第48条、第57条、第67条関連） ③物流統括管理者の選任 ・特定荷主による物流統括管理者の選任義務、届出義務（改正物効法第47条関連） ・特定連鎖化事業者による物流統括管理者の選任義務、届出義務（改正物効法第66条関連）

表11　物流総合効率化法の2024年改正の概要

上記の詳細な内容については施行規則や施行令によって定められるが、執筆時現在、まさにその内容が議論されているところである[82]。

現在の進捗予定としては2024年冬頃を目途にパブリックコメントの手

82　国土交通省　改正物流効率化法に基づく基本方針、判断基準、指定基準等について（令和6年6月28日交通政策審議会 交通体系分科会 物流部会・産業構造審議会 商務流通情報分科会 流通小委員会・食料・農業・農村政策審議会 食料産業部会 物流小委員会 合同会議資料）、2024

続を実施し、政省令等の具体的な運用を確定させる見込みである。このうち一定規模以上の事業者にはそれぞれ義務が課される規制的内容であるため、予め事前に趣旨を理解して備えておくことが肝要である。以下、2024年８月26日に開催された物流小委員会[83]（以下、「第２回合同会議」という。）を元にアウトラインを述べる。

③　荷主・物流事業者関連部分

改正物効法のうち１年以内の施行とされ、2025年度の施行が予定されている部分である。おおよそのところ一般論として荷主・物流事業者に対する各種の努力義務等に関する内容となっている。

なお、執筆時点では運用の詳細が未確定である点、また、掲載条文は2026年に予定される特定事業者に対する規制措置の施行後のものである点を留意されたい。

⑴　国が定める基本方針（改正物効法第33条関連）

改正物効法第33条第２項は、貨物自動車運送役務の持続可能な提供の確保に資する運転者の運送及び荷役等の効率化の推進に関する基本方針を国が定めるべき旨を規定する。

特筆すべき点は、物流事業者のみならず、荷主企業、施設管理者をはじめとする物流に関わる様々な関係者が協力して所定の目標を達成する旨が明記されている点であろう。物流2024年問題は単に１つの事業者による個々の業務効率化に留まらず、SCMという物流全体の最適化を目指すべきであると考えているに他ならない。

また、荷主・連鎖化事業者・貨物自動車運送事業者等・貨物自動車関連事業者が講ずべき措置がそれぞれ定められる点も留意すべきであろう。この点については基本的に物流革新に向けた政策パッケージの内容を反映させた内容となっており、例えば、適切なリードタイムの確保、トラ

83　交通政策審議会 交通体系分科会 物流部会・産業構造審議会 商務流通情報分科会 流通小委員会・食料・農業・農村政策審議会 食料産業部会 物流小委員会　第２回　合同会議

ック予約受付システムの導入、トラック積載率の向上などの事項が盛り込まれている。

なお、改正物効法における荷主等の用語の定義をまとめると次の通りである。

用語	概要
貨物自動車運送事業者等 (改正物効法第30条第６号)	貨物自動車運送事業法第三十九条第一号に規定する貨物自動車運送事業者（以下「貨物自動車運送事業者」という。）及び同法第三十七条の二第三項に規定する特定第二種貨物利用運送事業者をいう。
荷主 (改正物効法第30条第７号)	第一種荷主及び第二種荷主をいう。
第一種荷主 (改正物効法第30条第８号)	自らの事業（貨物の運送の事業を除く。）に関して継続して貨物自動車運送事業者又は貨物利用運送事業者（第一種貨物利用運送事業者、第二種貨物利用運送事業者及び貨物利用運送事業法第四十六条第一項に規定する外国人国際第二種貨物利用運送事業者をいう。以下同じ。）に貨物の運送を行わせることを内容とする契約（貨物自動車を使用しないで貨物の運送を行わせることを内容とする契約を除く。）を締結する者をいう。
第二種荷主 (改正物効法第30条第９号)	次に掲げる者をいう。 イ　自らの事業（貨物の運送及び保管の事業を除く。ロ及び第四十五条第五項において同じ。）に関して継続して貨物（自らが貨物自動車運送事業者又は貨物利用運送事業者に運送を委託する貨物を除く。ロ及び第四十二条第四項において同じ。）を運転者（他の者に雇用されている運転者に限る。以下この号において同じ。）から受け取る者又は他の者をして運転者から受け取らせる者 ロ　自らの事業に関して継続して貨物を運転者に引き渡す者又は他の者をして運転者に引き渡させる者

貨物自動車関連事業者 （改正物効法第30条第10号）	次に掲げる者をいう。 イ　倉庫業法第七条第一項に規定する倉庫業者（以下「倉庫業者」という。） ロ　港湾運送事業法（昭和二十六年法律第百六十一号）第三条第一号に掲げる事業を経営する者であって、当該事業について運転者との間で貨物の受渡しを行うもの ハ　航空法（昭和二十七年法律第二百三十一号）第二条第十八項の航空運送事業を経営する者のうち貨物の運送を行うものであって、当該航空運送事業について運転者との間で貨物の受渡しを行う者 ニ　鉄道事業法第二条第二項の第一種鉄道事業又は同条第三項の第二種鉄道事業を経営する者のうち貨物の運送を行うものであって、当該第一種鉄道事業又は当該第二種鉄道事業について運転者との間で貨物の受渡しを行う者
連鎖化事業者 （改正物効法第61条第１項）	定型的な約款による契約に基づき、特定の商標、商号その他の表示を使用させ、商品の販売又は役務の提供に関する方法を指定し、かつ、継続的に経営に関する指導を行う事業を行う者であって、当該契約に基づき、当該契約の相手方（以下「連鎖対象者」という。）と運転者との間の貨物の受渡しの日及び時刻又は時間帯を運転者に指示することができるもの

表12　改正物効法による荷主等の用語の定義

⑵　荷主・物流事業者の努力義務、判断基準等

改正物効法は荷主・物流事業者（改正物効法第42条、第43条）、連鎖化事業者（改正物効法第61条、第62条）、貨物自動車運送事業者等（改正物効法第34条、第35条）、貨物自動車関連事業者（改正物効法第52条、第53条）につき、それぞれ努力義務を課している。

この点、単なる努力義務ではなく調査・公表の対象とされる（改正物効法第71条）。具体的には定期的なアンケート調査の実施が行われ、こ

の調査の回答を点数化し、高低に関わらずに得点の公表が予定されているところだ。さらにトラックＧメンや公正取引委員会等への情報共有、そして働きかけや要請等につなげることも想定されている。例えば、長時間の荷待ち、契約外の附帯業務、無理な運送依頼等が常態化してしまっている悪質な事業者については行政指導等の対象となり得る点は注意が必要である。

第２回合同会議での検討事項によれば、執筆時点で想定されている判断基準等は次の通りであり、積載率の向上等やそれぞれ重要課題について実効性の確保を求める内容となっている。それぞれの事業者において、努力義務とはいえ前述の通り何らかの行政指導の対象となり得る話であるため、できる限り早く業務を見直すべき内容といえるだろう。なお、業界特性を考慮したうえで合理的でない部分について緩和するということも検討されているため最低限見直すべき事項は何か、今後の施行令等の実施は注視すべきである。

１．荷主の判断基準等について（改正物効法第43条）	
１－① 積載率の向上等	・適切なリードタイムの確保や荷主間の連携への取り組み。 ・運行効率向上のため、繁閑差の平準化や納品日の集約等を通じた発送量・納入量の適正化。 ・社内の関係部門（物流・調達・販売等）の連携促進。
１－② 荷待ち時間の短縮	・トラック予約システムの導入や混雑時間を回避した日時指定等による貨物の出荷・納品日時の分散。単にシステム導入だけでなく実効性の確保についても求められている。 ・倉庫業者の適切な作業時間を確保するとともに、貨物の出荷・納品日時を分散させる。
１－③ 荷役等時間の短縮	・トラックドライバーに荷役等を行わせる場合の基準（改正物効法第42条第１項第３号）。 ・パレット等の荷役の効率化に資する輸送用器具の導入。 ・パレットの使用についてはパレット標準化に向けた取り組み。 ・バーコード等の商品を識別するタグの導入等による

	伝票レス化・検品レス化の実施。 ・バース等の荷捌き場につき、貨物の物量に応じた適正な確保。 ・フォークリフトや荷役作業員の適切な配置等による、積卸し作業の効率化。 ・貨物の出荷につき、出荷荷積み時の順序や荷姿を想定した取り組み。
1－④ 上記1－①～③の実効性確保	・寄託先倉庫へ事前出荷情報やそれに付随する容積、重量、寸法等の情報を事前に伝達し、必要に応じた協力・連携を行うこと。 ・責任者の設置や社内教育等の実施体制整備。 ・トラックドライバーに対するやむを得ない遅延に対するペナルティの見直し。 ・荷待ち・荷役等時間の状況や取組の効果を適切に把握すること。 ・レンタルパレットを使用する場合、適正な費用分担等の徹底。 ・物流情報標準ガイドラインへの準拠、物流データの標準化への取り組み。 ・モーダルシフト等により、貨物自動車への過度な集中の是正。 ・異常気象時（台風・豪雨・豪雪等）に無理な運送を行わせない等、トラックドライバーの安全・休憩環境の確保に配慮。 ・正当な対価の目安として物流効率化にも資する「標準的運賃」を参考とすること。 ・契約内容に関する交渉の場を設けるなど、関係事業者との連携を図るとともに、必要に応じて取引先に対して協力を求めること。
2．連鎖化事業者の判断基準等について（改正物効法第62条）	
2－① 積載率の向上等	・適切なリードタイムを確保した発注をする等の協力 ・運行効率の向上のため、繁閑差の平準化や納品日の集約等を通じた納入量の適正化。 ・社内の関係部門(物流・調達・販売等)の連携促進。
2－② 荷待ち時間の短縮	・トラックが集中した到着とならないよう、混雑時間を回避した日時指定等による貨物の納品日時の分散。

２－③ 上記２－①～②の実効性確保	・責任者の設置や社内教育等の実施体制整備。 ・トラックドライバーに対するやむを得ない遅延に対するペナルティの見直し。 ・荷待ち時間の状況や取組の効果を適切に把握すること。 ・物流情報標準ガイドラインへの準拠、物流データの標準化への取り組み。 ・関係事業者との連携を図るとともに、必要に応じて取引先に対して協力を求めること。
３．貨物自動車運送事業者等の判断基準等について（改正物効法第35条）	
３－① 積載率の向上等	・複数の荷主の貨物の積合せによる輸送網の集約。 ・過疎地域などにおける配送の共同化。 ・配車・運行計画の最適化に資するシステムの導入。 ・輸送量に応じた大型車両の導入。
３－② 上記３－①の実効性確保	・トラックドライバーの荷待ち・荷役等時間を把握、把握が難しい場合の情報提供。 ・荷役等時間の把握について、デジタルタコグラフ等のデジタル技術の活用。 ・関係事業者（荷主、倉庫業者等）がトラック予約受付システムを導入している場合、そのシステムを利用すること。 ・理由なく必要以上に早く到着しないよう、効率的な配車・運行。 ・標準仕様パレットの活用、共同輸配送のための個建て運賃の導入、リードタイムに応じた運賃設定などの提案。 ・関係事業者との連携を図るとともに、必要に応じて取引先に対して協力を求めること。 ・物流情報標準ガイドラインへの準拠、物流データの標準化への取り組み。 ・テールゲートリフターの導入、荷捌き施設の整備など積載率の向上等に伴うトラックドライバーの積卸し作業の負荷低減。 ・トラックの過積載など事業の正常な運営が阻害されないよう、関係法令の遵守。
４．貨物自動車関連事業者の判断基準等について（改正物効法第53条）	
４－① 荷待ち時間の短縮	・荷役が可能な数以上のトラックが一時に集中して到着しないよう、トラック予約受付システムの導入や

	混雑時間を回避した日時指定等により到着時間の調整。単にシステム導入だけでなく実効性の確保についても求められている。
4－② 荷役等時間の短縮	・一貫パレチゼーションの実現。提案された際には、パレット費用の適正な価格転嫁が確認できれば、その提案に応じること。 ・検品を効率的に実施するための機器の導入。 ・バース等の荷捌き場につき、貨物の物量に応じた適正な確保。 ・フォークリフトや荷役作業員の適切な配置等による積卸し作業の効率化。 ・荷役前後の搬出入の迅速な実施に関するマニュアル作成。
上記4－①～②の実効性確保	・トラックドライバーの荷待ち・荷役等時間を把握、把握が難しい場合の情報提供。 ・寄託者である荷主に対する物流改善の提案など、必要に応じた協力・連携。 ・無人搬送機、ピッキングロボット等の自動化・機械化機器の導入。 ・物流情報標準ガイドラインへの準拠、物流データの標準化への取り組み。 ・関係事業者との連携を図るとともに、必要に応じて取引先に対して協力を求めること。

表13　執筆時点で想定されている判断基準等の検討事項（第2回合同会議資料より作成）

⑶　その他

改正物効法において、その評価の前提として「荷待ち時間」及び「荷役等時間」について算定が必要となる。この具体的な算定方法は今後省令で確定される予定であるため、今後の国土交通省の動向を注視すべきことは言うまでもない。執筆時点の第2回合同会議においては次のような負担軽減措置も検討されている（**図40、41**）。

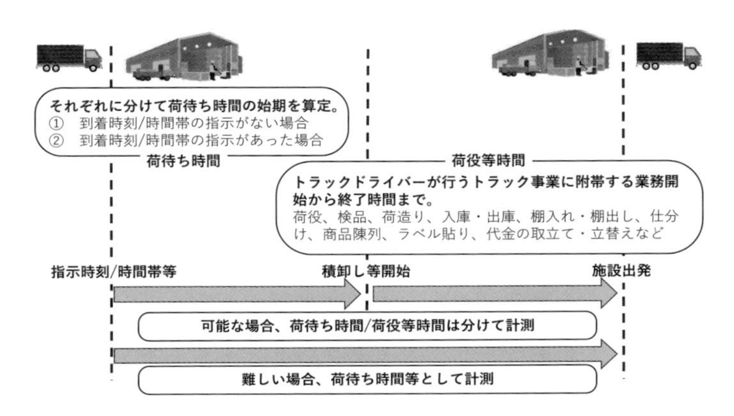

図40　荷待ち時間等の計測方法の検討事項（第２回合同会議資料より作成）

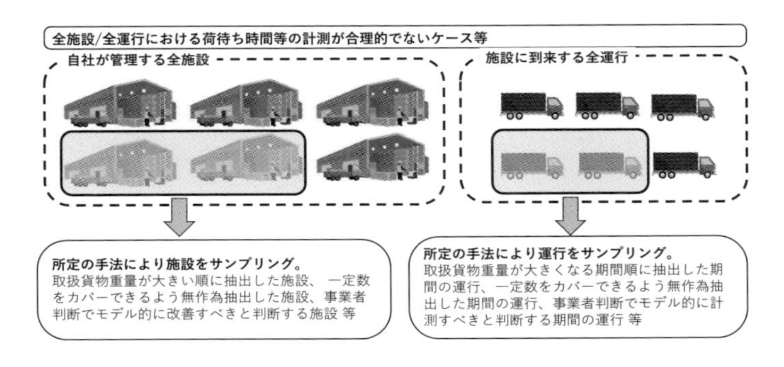

図41　サンプリングによる計測負担の検討事項（第２回合同会議資料より作成）

なお、トラックドライバーによる荷待ち時間等の計測について改正が検討されている点も留意が必要だろう。貨安則第８条における大型トラック（車両総重量８トン以上又は最大積載量５トン以上）の荷待時間・荷役作業等の記録の義務付けにつき、義務付けの範囲が「全ての車両」へと拡大される予定である[84]。

84　自動車事故報告規則等の一部を改正する省令案等に関する意見募集について（案件番号155240931）

④　特定事業者関連部分

改正物効法のうち２年以内の施行とされ、2026年度の施行が予定されている部分である。おおよそのところ一定規模以上の特定事業者について努力義務ではなく規制的な内容となっている点はより注意が必要である。当該規制内容の実施状況につき、評価や公表の対象となり、勧告や命令、最終的には罰則の適用もあり得るスキームとなっている（改正物効法第75条等）。

なお、前述の本章３の③と同様に執筆時点では運用の詳細が未確定である点、また、掲載条文は2026年に予定される特定事業者に対する規制措置の施行後のものである点を留意されたい。

⑴　特定事業者の指定基準等について

改正物効法において、一定規模以上の事業者を特定事業者と指定し、各種の義務付けがなされている。ここでの特定事業者の指定基準については、現在まさに議論がなされているところであるため詳細については割愛するが、こちらも今後の動向を注視すべきである。

執筆時点の第２回合同会議においては大手の事業者から順に指定対象とすることが検討されているところである。予定される当該検討事項について、指摘基準を事業者ごとにまとめると次の通りである。

検討されている基本的な考え方：全体への寄与がより高いと認められる大手の事業者から順に、日本全体の貨物量が半分程度となるように指定を行っていく。

特定事業者の種類	検討事項	第２回合同会議における指定基準値
特定荷主 特定連鎖化事業者	取扱貨物重量が多い順に、日本全体のトラック事業者により運送された貨物量の半分程度となる事業者を指定の対象としてはどうか。	取扱貨物の重量 ・９万トン以上 ・上位3,200社程度 ※事業者全体ではなく、第一種荷主、第二種荷主、連鎖化事業者それぞれの立場での取扱貨物の重量。

特定倉庫業者	貨物の保管量が多い順に、日本全体の貨物量の半分程度となる事業者を指定の対象としてはどうか。	貨物の保管量 ・70万トン以上 ・上位70社程度
特定貨物自動車運送事業者等	保有車両台数が多い順に、日本全体の貨物量の半分程度となる事業者を指定の対象としてはどうか。	保有車両台数 ・150台以上 ・上位790社程度

表14　特定事業者の指定基準値の検討事項（第２回合同会議資料より作成）

⑵　中長期計画・定期報告について

改正物効法においては前頁で述べた特定事業者について中長期計画の作成（改正物効法第38条等）や定期報告（改正物効法第39条等）を義務付けている。

第２回合同会議においては、「中長期的に実施する措置とその具体的な措置内容を記載する」と検討されている。毎年度の提出を原則としつつも計画内容に変更がなければ５年に１度という緩和措置も検討されている。第２回合同会議による資料によれば、例えば次のような具体例が示された。

区分	（例）特定第一種荷主
①実施する措置	（例）標準仕様パレットの導入
②具体的な措置の内容・目標等	（例）標準規格のパレットを○％導入し、１回当たりの荷役等時間の 平均時間を○分以内とする。
③実施時期等	（例）2026年～2031年
④参考事項	（省略）

表15　中長期計画の具体的記載事項の検討事項：運転者の荷役等時間の短縮に関する計画内容（第２回合同会議資料より作成）

また、定期報告の記載事項についても同会議にて議論されている。「実施状況について簡易的なチェックリストを用いた報告」及び「荷待ち時間等の状況について、『取組の実効性の担保』と『業務負荷の軽減』の双方に配慮しつつ、報告」などが検討されており、例えば表16のような具体例が示されている。

特に測定手法等の軽減措置が検討されているほか、スマートウォッチ等のデジタル機器による計測の推進が議論に上がっている。そのため、各種補助金等によって普及促進が図られる可能性があるため今後の動向を注視すべきだ。

①事業者の判断基準の遵守状況	(チェックリスト形式を想定)
②関連事業者との連携状況等の判断基準と関連した取組に関する状況	(自由記述欄を想定)
③荷待ち時間等の状況	【前提】 「取組の実効性の担保」と「業務負荷の軽減」の双方の観点から合理的な方法とすること。 【具体的方法】 ・荷主、連鎖化事業者及び倉庫業者は、自らが管理する施設における荷待ち時間等を計測し、報告する。 ・軽減措置を現在検討中。例えば、取組の実効性の担保を前提としたサンプリング等の手法の実施や、業務負荷の軽減のために荷待ち時間等が一定時間以下の場合(30分未満等)の報告省略など。 ・荷待ち時間等の計測に当たっては、デジタル技術の活用等により効率的な把握を実施し、より多くの施設における物流改善につなげていくこと が望ましい。

表16　定期報告の具体的記載事項の検討事項(第２回合同会議資料より作成)

(3)　物流統括管理者について

改正物効法において、特定事業者のうち荷主・連鎖化事業者について物流統括管理者の選任を義務付けている。物流統括管理者と非常に近い概念としてチーフ・ロジスティクス・オフィサー（Chief Logistics Officer。以下、「CLO」という。）というものがある。第３章７において述べたように、物流活動とロジスティクスという概念は若干の相違がある。端的に述べるのであれば、ロジスティクスの方がより戦略的な経営管理を指し、物流活動とはその目標点の相違がある。筆者の所感として「あるべき姿はCLOによる改正物効法の着手」であると考えるところである。しかしながら、前述のような議論があるため物流統括管理者とCLOは別概念である点を一応は付記し、それぞれ分けて記載を行う。

いずれにしても、改正物効法における物流統括管理者の設置義務により今後、国内に5,000人ほど誕生するという試算がなされている。しかし、当該制度施行は2026年度を予定しており、準備期間が非常に短いことをまずは認識すべきである。単に新たな役職を設置すれば完了する話ではなく、自社のみならずステークホルダー全体としての最適化が必要となる可能性がある。

改正物効法は一定規模以上の物流事業者を「特定事業者」として義務を課す。このうち「特定荷主（改正物効法45条）」と「特定連鎖化事業者（改正物効法第64条）」について物流統括管理者の設置義務を新設する（改正物効法第47条・第66条）。

まず特徴的な点として、物流統括管理者につき企業内において役員クラスの地位にある者をどちらも求めている点に着目すべきである。単なる「物流部長」では足りず、「事業運営上の重要な決定に参画する管理的地位にある者（改正物効法第47条２項、第66条２項）」である必要がある。この点を深掘りしていくと、改正物効法によって国がどのように物流 2024年問題の解決に着手しているのかが見えてくる。

大前提として、企業活動全体を見据えた物流最適化は必要であり、この実現を目指せば目指すほどに、ステークホルダー全体を巻き込んだSCMそのものの最適化となる（第３章の７を参照）。そのため広範囲に権限のある者の意識改革が必要である、というのが国の目指す姿であろう。

例えば、物流効率化を推進した場合に、そもそも企業内権限の抵触といった問題が想定できる。どういう役職にどういった権限が現実問題として付与されているのかは企業の内規によるだろう。しかし、物流2024年問題の改善に取り組むのであれば物流部門だけで留まらない可能性が高い。どのような製造計画を行うのか、何をいくつどこに販売するといったマーケティング戦略を行うのか、権限が交差する場合を想定しているのだ。

これまで歴史的に物流はコストでしかないと位置付けられた過去がある。権限が分散した状態にあっては、他部門へのコンセンサスは難しいものとなる。

また、この問題は企業内に留まらない。繰り返しになるが、物流2024年問題の改善にはSCMから改善が必要なところ、相手方企業との交渉権限の問題も想定できる。

例えば、リードタイムの問題を考えてみると、歴史的にいかにより早く輸送するかという点がこれまで競争力の根源となっていた。果たしてそのリードタイムは荷主サイドとして本当に必要なものであるだろうか、今一度見つめ直す必要がある。

コピー機器を購入したとして、３日後に到着してもらわないと全ての業務が停止するといった事態もあるだろう。しかし、余裕をもって２週間後の納期でも問題ない場合もあるのではないだろうか。そのコピー機器が３日後に届くべきなのか、２週間後で構わないのか、まさしく経営判断が必要となる局面が想定できる。

以上が物流統括管理者制度の基本的な趣旨であるが、第２回合同会議において想定されている業務内容等については次の通りである。

特にこの物流統括管理者制度の導入にあっては人材育成や社内整備の問題に繋がるため、できる限り早く概要を把握して2026年度の施行に備える必要がある。今後、政省令の施行により運用が確定するが、動向を注視すべきことは言うまでもない。なお、参考までに巻末の付録(5)で改正物効法の物流統括管理者制度の関連条文を掲載する。

１．物流統括管理者の業務内容（改正物効法第47条第１項、第66条第１項）
①中長期計画の作成 ②トラックドライバーの負荷低減と輸送される物資のトラックへの過度の集中を是正するための事業運営方針の作成と事業管理体制の整備 ③その他トラックドライバーの運送・荷役等の効率化のために必要な業務
２．上記１－③として業務を規定すること
①定期報告の作成 ②貨物運送の委託・受渡しの状況に関する国からの報告徴収に対する当該報告の作成 ③事業運営上の重要な決定に参画する立場から、社内の関係部門（物流・調達・販売等）間の連携体制の構築 ④トラックドライバーの運送・荷役等の効率化のための設備投資、デジタル化、物流標準化に向けた事業計画の作成、実施及び評価 ⑤トラックドライバーの運送・荷役等の効率化に関する職員の意識向上に向けた社内研修等の実施
３．その他、水平連携や垂直連携の推進のための関係者との連携すべき業務
⑥物資の保管・輸送の最適化に向けた物流効率化のための取引の相手方の物流統括管理者等の関係者との連携・調整

表17　物流統括管理者の業務内容の検討事項（第２回合同会議資料より作成）

４　荷主・消費者の行動変容

これまで見てきた通り、物流2024年問題の根本的な解決にはステークホルダー全体として取り組む必要がある。

トラック事業者に依頼をする荷主企業の意識改革は当然のことながら、荷物を届ける消費者の意識改革まで必要である。

国の関連施策は複合的に立案・遂行されているため、これまで述べてきた施策と重複する項目が非常に多い。まだ触れていないものについて述べていく。

①　荷主サイドの意識改革、行動変容

2024年の物効法の改正により、一定以上の規模を有する荷主企業の役員クラスの者のうちから物流統括管理者の設置義務を課すなどの規制的

措置が導入されたことは本章３の③にて述べてきたところである。

そのほかの施策として、荷主企業や物流事業者による物流改善の取り組みについてランク評価による可視化が検討されている。こちらも改正物効法の詳細と同様に、執筆時点でまさに詳細の議論がなされているところである。

現在、予定しているところとしては、例えば、エネルギーの使用の合理化及び非化石エネルギーへの転換等に関する法律（以下「省エネ法」という。）における工場規制（**図42**）と同等の仕組みを考えている。定期的報告書等をしっかりと提出した特定事業者をＳ・Ａ・Ｂ・Ｃの４段階のクラス分けといった手法が検討されている。

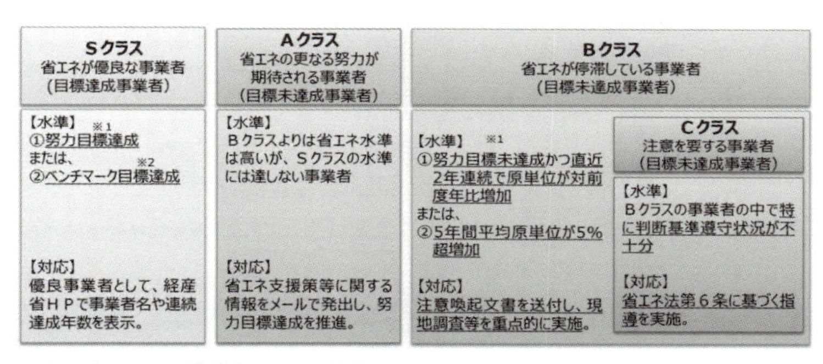

図42　省エネ法の工場規制における事業者クラス分け評価制度の概要（第１回合同会議[85]資料を引用）

②　消費者サイドの意識改革、行動変容

EC市場の拡大に伴って宅配需要が増大していることはこれまで述べてきた通りである。この点に関して物流革新に向けた政策パッケージにおいても掲げられている点であり、消費者の意識改革についても改善す

85　第１回　交通政策審議会 交通体系分科会 物流部会・産業構造審議会 商務流通情報分科会 流通小委員会・食料・農業・農村政策審議会 食料産業部会 物流小委員会 合同会議

べく動いている。

例えば、消費者庁においては「送料無料」表示の見直しについて着手している。これまでECサイトにおいて「送料無料」という文言を筆者も見かけたことがあるが、当然ながらこの文言は輸送コストが無料というわけではない。このコストは当然ながら商品に転嫁されているのであるが、消費者の送料が「無料」だという誤解を解くためには効果的だといえる。

また、「宅配便の再配達削減」に向けて、消費者庁、厚生労働省、農林水産省、経済産業省、国土交通省、環境省の共管のもとキャンペーンが行われている。現在の再配達状況について見てみると、新型コロナウイルス感染症（COVID-19）による緊急事態宣言発令中は15.0％から8.5％に減少したものの、緊急事態宣言解除後は11％に増加し、その後も上昇し続けている[86]。

国土交通省が作成した手引き[87]によれば、次の10個の方策について提示されている。

【多様な受取り方法のさらなる普及】
①　各戸に設置の宅配ボックス
②　各戸に設置の宅配バッグ
③　自宅以外での受取り
④　共同玄関等に設置のロッカー
⑤　指定場所への据置き（置き配）
⑥　マンションへの入退出、セキュリティ対応
【宅配を取り巻く関係主体間の連携等】
⑦　依頼主（EC事業者等）と宅配事業者の連携
⑧　宅配事業者間での連携
⑨　宅配事業者と届け先（消費者）の連携
⑩　依頼主（EC事業者等）と届け先（消費者）の連携

表18　持続可能な宅配の実現に向けた10の施策（国土交通省「多様なライフスタイルをささえる持続可能な宅配の実現に向けた手引き―非接触・非対面型消費者向け配送の創出―」より作成）

86・87　国土交通省「多様なライフスタイルをささえる持続可能な宅配の実現に向けた手引き―非接触・非対面型消費者向け配送の創出―」、2021

これらの項目につき詳細な解説がなされているので、再配達削減への着手を考えている配達事業者は対応策として参考にするとよいだろう。ここで全ては取り上げないが、例えば「②各戸に設置の宅配バッグ」でいえば、Yper株式会社が提供する「OKIPPA」という商品が紹介されている。同商品は専用ロック・南京錠がついた撥水性の生地で作られたバッグである。普段は玄関先にぶら下げておき、荷物を受け取ることができなかった場合に配達員がバッグに荷物を入れて施錠する仕組みである。現在、この置き配バッグは、例えば日本郵便株式会社はリーフレットを設置したり、受け取り方法の指定の一つに盛り込んだりするなど普及を行っている。

また、「⑨宅配事業者と届け先（消費者）の連携」においては、日本郵便株式会社や、佐川急便株式会社、ヤマト運輸株式会社などにおいてはメールやLINEで配送予定日を共有するサービスを行っている。荷物がどのタイミングで届くのか受取人がしっかりと把握していれば、再配達の削減につながる可能性がある。

この点、タワーマンション等の大規模なマンションについて駐車スペースの設置義務等の新設が予定されている。再配達の問題も含め、ラストワンマイルにおける配送の効率化が１つの課題であったため、この点を是正する狙いだ。

5 その他の施策

ここでは物流革新に向けた政策パッケージに入っていなかった項目や、分類が難しかった項目について簡単に述べる。

① トラガール推進プロジェクト

トラック運転手が人手不足の状況にあることは既に述べてきた通りだが、この点についても国は施策を打ち出している。

例えば、「トラガール推進プロジェクト」である。近年、女性の登山家を「ヤマガール」と呼んだり、釣りが好きな女性を「釣りガール」などと呼んだりするケースを散見するが、これらの流れを汲んだのだろう。トラガールとは女性のトラック運転手のことである。生き生きと仕事をする様子が写真と共にインタビュー形式で描かれており、非常に良い印象を与えるのでないか。

女性がトラック運転手として働くにあたって、阻害要因となり得るのはやはり苛酷な荷役作業である。

例えばこの点について、本章２の④でも見てきた通り、スワップボディコンテナ車両の普及で改善する余地がある。スワップボディコンテナ車両の最大のメリットは、運転業務と荷役業務を完全に分離できることにある。

荷役業務が完全に分離できるとなれば、トラック運転手の肉体的負担を大幅に軽減することが可能である。ここに着目して女性ドライバーの活躍の幅が広がることが期待されている[88]。

同プロジェクトの特設サイトには女性雇用等に係る各種制度等の紹介として、両立支援等助成金、トライアル雇用奨励金、事業所内保育施設設置・運営等支援助成金、人材開発支援助成金、キャリアアップ助成金、受動喫煙防止対策助成金などの紹介がなされている。いずれも厚生労働省が所管の助成金であるが、雇用主サイドにもインセンティブを与えて雇用促進を図る狙いであろう。

②　在留資格について自動車運送業分野の追加

国際的なルールとして、他国への出入国は当然にはできず、入国資格（在留資格）が必要だということは世間常識だろう。

日本では在留資格制度が採用されており、入管法によって外国人の在留活動が原則としては制限されている。それぞれの在留資格に対応した

88　スワップボディコンテナ車両利活用促進に向けた検討会「スワップボディコンテナ車両利活用促進に向けたガイドライン」、2019

活動が細かく規定されており、対応していない活動はすることができない。例えば「留学」や「家族滞在」などは就労目的ではないため、資格外活動の許可（入管法第19条）を受けている場合を除き、原則としては就労活動をすることはできない。

在留資格は、例えばいわゆる技人国（技術・人文知識・国際業務の略称）など様々な種類があるが、そのうち特定技能と呼ばれる在留資格がある（入管法別表第一）。技人国とは専門性が特に高い知識が要求される在留資格であり、その業務内容にも単純作業とみなされる接客が難しくなるなど細かい制限が課せられている。一方、特定技能はそれを幾分緩和する形で、国内の人材確保が困難であるとされる特定の分野について即戦力の外国人労働力の確保を狙いとして認められる。特定技能には１号と２号があり、１号よりも２号の方が高度な内容が要求されており、家族の帯同の可否等の違いがある。

これまで特定技能にはトラックやバス、タクシーといった運転業務が含まれていなかった。この点について2024年３月29日に閣議決定がなされ、特定技能１号へ「自動車運送業」を含む４分野が新たに追加され、従前の12分野から16分野へと増加した。現在、この自動車運送業の新たな追加について、執筆時点でまだ施行はされていない[89]が、閣議決定時点での受け入れ見込み数は自動車運送業について向こう５年間で24,500人とされている。

この自動車運送業の特定技能１号の業務内容等は「バス運転車、タクシー運転者、トラック運転者」とされており、共通である日本語試験のほか、当然ながら日本国内での運転業務を想定しているため日本の運転免許の取得等[90]が必要となる。

なお、「造船・舶用工業」については既に特定技能２号に含まれているものの、船舶の運行に必要な「船員」については執筆時点でそもそも

89　2024年７月17日に筆者が出入国在留管理庁にヒアリングを行ったところ、現在まだ各種の調整を行っている段階であり、2024年内の施行に向けて動いているとのことであった。

特定技能に含まれていない。船員について顕著な人材不足問題が生じていることは前述の通りだが、国がモーダルシフトにはかなり力を入れているため船員の分野の動向についても今後注視する必要があるだろう。

改正労基法の本格的な運用が始まる2024年４月を目前にした特定技能１号追加の閣議決定であり、名言はしていないものの国は間違いなく外国人労働力に人材不足の面で活路を見出しているといえる。事業者としても雇用がそもそも難しい日本人のみならず、外国人の雇用によっても人材不足を補っていくことも１つの選択肢になるだろう。

実際、既に執筆時点でいち早く動き出した物流企業も登場している。大手物流会社であるセンコーグループホールディングス株式会社のプレスリリースによれば、2032年度までに同制度を活用して運転手100人を確保する狙いのようである。それに伴って、配属後も継続して自社研修施設により日本語教育や運転免許の教育が受けられる仕組みを作っていくという。

ただし、外国人を雇用するにあたって企業のコンプライアンスとして必須手続、異文化への配慮（労基法３条）など留意事項が増える点には注意しなければならない。

例えば、労働条件や雇用管理等について「外国人労働者の雇用管理の改善等に関して事業主が適切に対処するための指針」が定められており、労働関係法令等への遵守が求められている。

また、雇入れ及び離職にあたっては氏名、在留資格、在留期間などについて外国人雇用状況の届出が必要な点も注意すべきである（労働施策

90　令和６年３月29日閣議決定資料『特定技能制度の対象分野の追加②』によれば、次のように定められている。「日本の運転免許の取得等（バス運転者及びタクシー運転者については、外免切替及び第２種免許の取得並びに法令で定める新任運転者研修を修了したこと、トラック運転者については外免切替）が要件。日本国内で運転免許を取得するための手続等に要する期間においては、運転免許が必要な業務に従事できないため、在留資格「特定活動」（バス運転者及びタクシー運転者については１年・更新不可、トラック運転者については６月・更新不可）で在留を認める。

の総合的な推進並びに労働者の雇用の安定及び職業生活の充実等に関する法律第28条)。

企業のコンプライアンスとして当然ではあるが、不法就労活動をさせるなどして不法就労助長罪（入管法73条の２）に問われないよう特に注意が必要である。同条の罪に問われた場合には、３年以下の懲役若しくは300万円以下の罰金（併科あり）という非常に重い罰則が科される可能性がある。

また、刑事のみならず民事においても注意が必要である。近年、地方裁判所レベルの裁判例ではあるが企業サイドに損害賠償を認めるものも出てきており、例えば、「在留資格変更手続を行う方法の調査・説明義務を怠った（大阪地裁令和５年９月28日)」という指摘がなされたものもある。トラック運転業務を考えてみれば、当然ながら在留資格のみならず運転免許の更新手続等への配慮も必要である。さらに通常業務に比して高いレベルの安全対策義務が要求されてもおかしくはない。

再三になるが、外国人労働力に活路を見出す場合には環境整備を含めて準備を整える必要があることは十分に留意しなければならない。

③　自家用自動車による貨物の有償運送制度

対価を得て荷物を運ぶ「有償性」があると、本来事業用自動車としての手続が必要となる。例えば、軽自動車等であれば貨物軽自動車運送事業、普通自動車等であれば貨物自動車運送事業における手続である。

しかし、事業用自動車でなく自家用自動車であっても、年末や夏期等の繁忙期への対応を目的として、これまで限定的に使用が認められていた（「年末及び夏期等繁忙期におけるトラック輸送対策について」(令和３年８月26日付国自貨第52号))。

ラストワンマイルの問題は特に宅配事業で現在問題になっていることは既に述べた通りであるが、ここで自家用自動車が活用できないかという議論から本通達が発出された（「ラストマイル輸送等への輸送対策としての自家用有償運送の許可に係る取扱いについて」国自貨第868号令和６年３月29日）。

自家用有償運送の許可手続を行うことで繁忙期の限定を撤廃し、年間利用日数90日を上限として通年で稼働日が選択できるという制度設計である。従前の通達については2024年12月31日で廃止、新制度について2025年１月１日から運用予定である。

④　CSR活動支援

CSR（Corporate Social Responsibility：企業の社会的責任）は近年、注目されている。例えばSDGs（Sustainable Development Goals：持続可能な開発目標）は様々な場面で目にする。企業がCSRを掲げることは、社会問題に取り組んでいる企業であることをステークホルダーに対してアピールすることにつながる。一般にCSR活動は顧客などの取引先からの信頼獲得、従業員の満足度向上などの効果があるといわれる。

物流2024年問題は本書でずっと述べてきた通り、日本の物流崩壊の危機であり、極めて重大な社会問題である。本章４の①で述べた企業の評価制度も広い意味でCSR活動支援といえるだろう。

2019年より「ホワイト物流」推進運動が国土交通省により開始された。トラック輸送の取引環境改善に向けた取り組みの一環であるが、物流効率化や労働環境改善への取り組みを行っていることを表明するため広い意味でCSR活動支援といえる。物流効率化は環境負荷軽減に資するため、SDGsと非常に親和性の高い取り組みといえる。

2020年からはパートナーシップ構築宣言が中小企業庁により開始された。狭義においては「ホワイト物流」推進運動と趣旨を同じくするが、こちらはサプライチェーン全体での付加価値向上が盛り込まれており少々マクロな観点というニュアンスである。

非常に興味深いのが、本章２の⑧で述べたバース予約システム関連補助金の要件として課されていることである。特にパートナーシップ構築宣言は中小企業庁が所管の「ものづくり補助金」のほか、その他多数の補助金についても加点項目となっている。

第5章

2024年を物流革新元年とするために

これまで見てきた通り、国は大小様々な施策を講じてこの物流2024年問題という国難を乗り越えようとしている。

しかし、この実効性は疑義が生じているのが実情である。国難を無事乗り越えることができるのか、崩壊してしまうのか、現在瀬戸際にあると言っても過言ではない。

1　改正労基法施行後の実態

これはトラック運送業へ従事する友人に筆者が直接ヒアリングし、掲載許可を頂いた話である。

2024年４月の労基法改正以降、本書執筆の７月現在でも、時間外労働を避けるため長距離ではなく短距離の地場配送へシフトする事業者が目に見えて増えているという。短距離の地場配送へ地元の中小企業が集中するとどうなるか、バブル崩壊期と同様に料金据え置き過当競争の構図である。

物流効率化も決して進んでいるようには見えない。

改正労基法対応のため高速道路の使用を検討し、これを元請けである大手の運送会社に運賃値上げを打診したが了承を得られなかったという。結局のところ、業界の強い多重構造は今なお是正されておらず、高速道路の使用すら容易に採用できずにいた。

定期便として組まれたシフトについては復路についても貨物を輸送できるものの、不定期便については復路への対応ができておらず、2024年７月現在、今なお空気を運んでしまっているのも大きな課題である。

こと深刻なのは現場で働いているトラック運転手の収入が目に見えて減ってしまっていることである。友人の会社の仕組みでは、日常業務以外に仕事をした場合に3000円／件の追加報酬があり、労基法改正前においては月に15回から20回あった。しかし、これが労基法改正後においては月に５回から10回ほどに減ったという。文字通り３万円／月ほどの収入減である。

従前、長距離を担当していた大型トレーラーが近距離の地場配送へ参入している点も事業者目線として看過できない。10ｔトラック２台分を大型トレーラーでは一度に運べる点から、２台分の料金より安く請け負う。この点は物流効率化の面では目指すところかもしれないが、結果として地元の10ｔトラックの仕事を奪う結果となっている。このままでは従業員の収入減どころか、下請けの事業者の経営は立ち行かなくなってしまうだろう。

働き方改革とは何だったのか？

苛酷なトラック運転手のワーク・ライフ・バランスを改善するためではなかったのか？

結局のところ万全な対応策を見いだせないまま国から押し付けられた改正労基法の影響は、元請けの物流会社を直撃した。そして元請けから下請け、下請けからフリーランスへと順次波及しつつある。このままでは文字通り、小規模な運送事業者を一掃することになりかねない。

結局、長時間労働の苛酷な状況は何ら改善しておらず給料だけが減った、そういう厳しい現実がそこにはあった。

物流2024年問題に正面から取り組んでホワイトな労働環境へ真剣に取り組んでいる企業を除いては、今なお苛酷な環境下にあるトラック運転手が多いというのが解像度の高い現実である。

国としては標準的運賃告示の増額など下請け企業の交渉力強化を実現しようと動いているところではあるが、前述の通り「高速道路の使用料相当分」の増額すら認めてもらえない状況もまた事実としてある。

自社サービスの料金コントロールが難しいのであれば、労働生産性の向上に解決策を見出していくことになるだろう。この労働生産性の向上に関して、例えば中小企業庁が行う経営革新計画の承認制度がある。同制度においては、保証や融資の優遇措置のほか、販路開拓の支援措置などを享受できる。こうした国の推進する各種制度を上手く活用しながら自社の仕組みを改めて見つめ直すというのも今後重要になるだろう。

２ 34年間後手に回り続けた国の対応

そもそも、バブル景気の需要増大に対応して物流二法改正により大幅な規制緩和を行ったのが1990年。そして、この規制緩和とほぼ同時期にバブル崩壊により経済状況は悪化した。この影響により輸送量は減少し、事業者数は増大するという結果となった、これが現在の業界構造を招いた要因の一つである。

運送業界においてはサービスの質として競争力を提示しにくい状況であったため、契約外の荷役作業等や長距離運転を競争力の根源として現在へと続くトラック運転手の苛酷な労働環境の下地が醸成された。

厚生労働省が示す過労死の状況は2002年より調査が開始されているが、以来トラック運送業は常にトップであり続けている。この時点で10年ほどの空白期間が生じているが、このデータを国が把握していないはずがない。

ようやくこの状況にメスが入れられたのが安倍元首相主導による働き方改革であるが、改正労基法の成立は2018年であるし、トラック運送業については施行時期が延期され、施行の2024年４月まで猶予があったはずである。

それでは物流2024年問題へ本格的に国が着手したのはいつであるか。

もちろん各協議会によって議論を重ねていたことは重々承知している。しかし、2023年６月２日決定の「物流革新に向けた政策パッケージ」が本格的な着手時点と考えるしかない。ここから「物流革新緊急パッケージ」と銘打った決定が４か月後の2023年10月６日であり、これは当初の計画が順調ではなかったことの証左といえよう。

順調であれば緊急である必要はない。いみじくもパッケージ名が全てを物語っている。物流2024年問題の根本的な是正について、個々の事業者だけで不可能に近いことは当初の議論から散々指摘されていたはずだ。

こうした一連の流れを見てみると、お世辞にも先手を打って対策を講じているとは思えない。34年間も問題を後回しにしたツケが現在の状況である。

例えば、日本国内初の自動運転レベル４の貨物輸送による無人運行が2024年６月である、しかもこれは一般高速道路などではなく、羽田空港内という試験的運用である。2024年４月のトラック運転業に対する改正労基法の適用は、せめて一般高速道路への自動運転レベル４の実用化の目途が立ってからでも良かったのではないか。

物流2024年問題は国が正面から解決しようと現在模索している、そのことは評価できる。しかし、一方でスケジュールの見通しの甘さ、これによって現場で働くトラック運転手の直接的な窮境原因となっている。そのような状況下で雇用促進など夢もまた夢の話ではないか。執筆時点の今現在、トラック運転手の労働環境が一般論としてホワイトだとは到底思えない。

この現状を事実として重く受け止め、猶予期間の設定など全体のスケジュールを見直すことが必要なのではないか。少なくとも労基法改正の時期と、国の対応策の目途が立つ時期は一致させる必要があった。

3 行政主導による物流効率化の推進

物流2024年問題の解決に向けて物流効率化は避けて通れない命題である。一義的にはトラック運転手の労働時間の問題であるが、様々な要因が複合的に絡み合っている状況であり、これには官民が一丸となって取り組むほかない。

例えば、フィジカルインターネット構想など、資力のある大企業はともかく、そうではない中小企業、あるいは零細企業が個々に行うなど容易ではない。

日常業務で使用する配送システムもまともに機能せず、長年培ってきた経験とインスピレーションを駆使し、ベテラン事務員が翌日のスケジュールを「えいやっ」と決める。そのような事業者すらあると耳にする。

日々が修羅場という極限状況のなかソフト面・ハード面・業務プロセ

ス面で標準化を行えというのは絵に描いた餅だ。

国には国にしかできないことがある、インフラ整備はその筆頭である。少なくとも零細企業であってもソフト面・ハード面・業務プロセス面で業務改善へと着手できる十分な下地造りを早急に行うべきである。

また、悪質な荷主や元請け事業者の監視・監督強化も必要であろう。トラックＧメンによる是正指導の制度は評価できるものの、2024年６月末時点での実施件数は勧告２件、要請174件、働きかけ635件である。これが多いか少ないかはさておき、控え目に言っても氷山の一角である。それが実際に現場の声を聞いた筆者の所感である。

今後、改正物効法により評価制度が予定されているところであるが、悪質な事業者の徹底排除、そして物流2024年問題に正面から取り組む真摯な事業者への優遇措置の拡充、これら両面の推進が必須だろう。

４　民間主導による物流効率化の推進

国主導の対策が必要な一方で、民間には民間にしかできないことがある。例えば、次のようなものがあるだろう。

①　適正リードタイム・SCMの見直し

果たしてその貨物に設定されたリードタイムは適正であるのか？

これには民間それぞれの個別判断が必要である。

発注したコピー機器が３日後の到着が必要な場合もあれば、２週間後で構わない場合もあるだろう。自社製品の繁忙期に向けた計画として、原材料等の調達物流（購買物流）、製造した商品の販売物流（出荷物流）の適正化も必要になるだろう。自社のみならずステークホルダー全体としてSCMの最適化が必要であり、それぞれの経営判断が必要になる。この意味で改正物効法によって経営権限のある物流統括管理者制度の導入は理にかなっているといえる。ただし、第４章３の④の(3)で述べたように単なる物流管理のみならず、ロジスティクス全体の最適化が可能な経営管理を統べる者であるべきだ。結局のところ定義上の単なる言葉遊びでしかない感は否めないが、しかし、自社業務の物流管理について部分的な最適化のみ行えば物流2024年問題が解決するとは到底思えない。勿論、物事には順序がある。ハードルを上げ過ぎれば対応できない事業者の続出となるため、当該新制度に対応すべく最初に着手できる範囲が限られていることは重々承知するところである。とはいえ何度も本書で申し上げている通り、究極的に目指すべきはSCM全体としての最適化が必要だというのが筆者の所感である。したがって、物流2024年問題を根本的に解決するためには、CLOがより目指す姿ではないだろうか。

これまで物流は端的にコストに過ぎないという考えが主流であったかもしれないが、企業内の事業再編を伴うSCMを行うためにトップダウンをもってして課題解決に取り組む必要がある。改正物効法における物流統括管理者制度の一応の射程は大きい事業者であるが、中小企業や零細企業においても導入促進を進めるべきであり、これは物流分野に長けた人材育成の側面も兼ねるだろう。

SCMによる物流効率化には垂直統合[91]のみならず、水平連携[92]の観点も必要不可欠である。例えば、2015年よりF-LINEプロジェクトとして、食品大手の6社（味の素株式会社、ハウス食品グループ本社株式会社、カゴメ株式会社、株式会社日清製粉ウェルナ、日清オイリオグループ株式会社、株式会社Mizkan）により共同配送による配送効率化等が行われている。

また、2024年6月時点で18社（キヤノン株式会社、京セラドキュメントソリューションズ株式会社、コニカミノルタ株式会社、シャープ株式会社、セイコーエプソン株式会社、東芝テック株式会社など）によって

90　垂直統合とは、企業内でのサプライチェーンの改善に取り組むこと。ここでは広義として、ある分野における業界全体の改善を指す。

91　水平連携とは、企業内のみならず同種の企業において業界としてサプライチェーンの改善に取り組むこと。ここでは広義として、業界の垣根を超えた物流全体としての改善を指す。

一般社団法人ビジネス機械・情報システム産業協会（JBMIA）により同様の取り組みがなされている。2024年６月26日のJBMIAの動脈物流委員会による発表によれば、大都市における月末集中の物流波動、地方都市における非効率な低積載配送といった各社共通の課題を抱えているとされる。これらは狭義の水平連携といえ、業界全体としての課題抽出・最適化ともいえる。

まずは狭義の水平連携によって業界ごとに着手しなければ話が始まらない側面もあるだろう。しかし、話は物流2024年問題という国難である。目指すべき姿は各業界という垣根を超えた物流標準化であり、日本国内全体としての物流の最適化ではないだろうか。これは広義の水平統合といえ、ここまで壮大な話になれば日本という国全体の制度・システム、ひいては社会インフラとして位置付けた設計が必要だろう。食品業界の物流が繁忙期にあるから、電気機械業界の余剰の運送業者にて補う、例えばこのような日本全体の物流システムそのものを国が統括・管理しても良いのではないか。リアルタイムで余剰管理が可能となれば、日本全体の物流システムは大幅な効率化が図れる。

まさに官民一体となって取り組むべき課題である。

②　消費者への明確なインセンティブ

荷主サイド、特にEC市場拡大を受けて増大している輸配送の適正化も必須事項である。特にラストワンマイルにおける再配達は大きな課題だ。本来一度で配達できるものを、二度・三度と無償で移動を強いられる、労働生産性の上で大きな無駄である。

消費者庁が現在普及・啓発活動に力を入れているが、まずは「無料配達」という文言の完全撤廃から行うべきだ。価格転嫁として商品に料金が含まれているだけの話であって、モノが動いている以上、輸送業務が生じない配達などあり得ない。まずは「物流が無料サービスではない」ことを消費者レベルから普及啓発を行っていくべきであり、これには告示レベルではなく行政機関による規制的手法の導入もまた視野に入れるべきではないか。

また、現行の再配達の仕組みは単に運送事業者の無償サービスで成り立っているに過ぎず、労働生産性の面で大きな阻害要因となっている。

この点に関して、消費者サイドへの明確なインセンティブを与える仕組みの導入により大幅な改善が見込めるのではないか。

これは筆者が日常的にお世話になっている某大手物流企業の話であるが、発注時に「1営業日後」「3営業日後」「5営業日後」という納品時期の違いによって料金を変えている。筆者自身、消費者として特段の事情がなければ当然安い選択肢を選ぶ。そもそも余裕をもったスケジュール感で発注を行おうと自主的に変わる。仮に物流崩壊などといった前提知識がなくても、同様だろう。ここで着目して欲しいのは、明確なインセンティブがあれば自動的に消費者の行動変容につながる可能性がある点だ。

また、これと同様にインセンティブ込みで再配達防止策を講じることも有効だろう。例えば再配達が生じたら代引きとして追加料金を徴収する。そのかわり、再配達防止として配達指定日の予約により割引を実施するのである。代引きの追加料金としてしまうと、競争力低下になると考えるのであれば再配達なく1度で配送できた場合にポイントを付与すれば良い。ペナルティではなくインセンティブとすれば反発も少なく行動変容につながりやすいだろう。

③　物流DXの推進

国は物流DXの推進を明確に掲げており、今後も引き続きこの傾向は続くはずである。各種制度面の整備のほか、各種補助金事業を通じて普及を行うものと筆者は想定しているが、先導する国に追従する形で導入して労働生産性向上を目指すというのも1つの選択肢になってくる。

前述した適切なスケジュールや運送ルートの選択などはAIに任せてしまっても良いだろう。近年のAIの発展は極めて著しく、その有用性は益々高くなるはずだ。

問題なのは、完全自動運転がどの程度実用化されて普及されるかという点である。まず物流センターを行き来する配送ロボット、これは陸も空も実現可能だと筆者は見ている。各種の展示会に足を運んで各社の配送ロボットを見てきたが、十分に実現可能だとうかがえる。荷役作業の人的負担が減るということは大いに歓迎すべきだろう。近い将来、物流センターを縦横無尽に配送ドローンが飛び回る日が来るかもしれない。

次にトラックや鉄道等の陸路の輸送モード、これは交通事故という大きな問題点を抱えてはいるものの、少なくとも高速道路等の部分的な完全自動運転について見通しは非常に明るいのではないか。

非常に判断が難しいのはドローンと船舶の完全自動運転だろう。どちらも天候に極めて大きな影響を受けるからだ。ドローンは特にラストワンマイル運送の救世主になり得るか、という議論があるほど期待されているが、近年のゲリラ豪雨など阻害要因は案外多い。

いずれにしても完全自動運転の導入は人的負荷の軽減効果が期待できる一方で、導入費用が高額となってしまう。導入したものの、すぐに陳腐化してしまい使い物にならなくなったという事態は避けなければならない。

各種の制度や技術動向を予測しながらの検討となるため、慎重な経営判断を要するといえる。

5　物流センターの在り方に必要なこと

①　物流センターとBCP対応

現在、国が進める施策の中でBCP[93]の議論はあまり活発でないという

93　BCP（Business Continuity Plan）とは、災害等の緊急事態に備えた事業継続計画をいう。地震や台風といった災害時の対応をあらかじめ計画として策定しておき、緊急事態においても事業継続を目指すことは重要である。例えば、東京都中小企業振興公社等においてBCP策定支援事業などの支援が行われている。

のが筆者の所感である。当然、モノの順序としては物流効率化が優先事項であることに異論はない。

確かに物流効率化を図るうえで「まとめる」という幹線輸送の概念は重要である。しかし、かつて東日本大震災の被災により国難に見舞われたとき、トイレットペーパーが店頭から消えてしまったことを忘れてはならない。

まとまれば効率化は促進する、それは正しい。だが日本は地震大国であり安住の地がないこともまた事実。災害とは共生しなければならない運命にある。

共同輸配送にせよ大型物流拠点の設計にせよ、BCPという保険をかけた上でシステムを構築すべきではないだろうか。一点に全てが集約した物流センターを直下型地震が襲えば、それは即日店頭からトイレットペーパーが消えることを意味する。

一度成立してしまった輸送システムを新しく組み直すというのは時間も費用も多大な負担がかかる。巨大地震を筆頭にした大災害は決して大げさではなく身近なものであり、組み直す時間を災害が待ってくれる話ではない。

物流とは究極のところ社会インフラそのものであり、私たち全ての国民生活に直結している。物流再編を迫られている現在、まさにBCPの観点を盛り込んだ議論を進めていくべきだ。

②　物流センターと街づくり

物効法は、市街化調整区域における物流センターの誘致を念頭においた制度設計となっている。現在、利用されていない市街化調整区域は導入コストの観点から市街化が進んだ都市部よりも優れているのは明らかだ。

物流センターによる雇用創出は、そこで働く労働者の家族を含む全ての人々の生活確保も課題の一つだといえる。

例えば、2024年２月９日に「広域的地域活性化のための基盤整備に関する法律の一部を改正する法律案」の閣議決定がなされた。同改正案は、直接的に物流2024年問題は無関係であるといえる。しかし、地方都市の人口減少を広域的地域活性化の基盤整備により究極的には解決しようとするものである。

ここで、物流センターによる雇用創出と合わせた行政主導の街づくりを議論に加えても良いのではないだろうか。働き方改革が究極的に目指した姿は、ワーク・ライフ・バランスの改善にあるはずだ。端的にトラック運転手の労働時間の問題にとどまらず、それを取り巻く生活環境の整備もまた国の役割として必要である。

6 国際展開を見据えた物流効率化

ソフト面・ハード面・業務プロセス面で標準化・物流効率化を目指すとして、その後の展開を描いているのかも少々疑問が残る。

国際標準の重要性については第４章の２の⑫で述べたところであるが、どの程度の標準化戦略、そして特許戦略を考えているのであろうか。全く考えていないということはないと思うが、官民の施策の中に全く言及がないというのも不思議な話である。かつて小泉元首相の時代、2002年に知的財産立国が声高に謳われていたのも今や昔話なのだろうか。

この点、例えばアメリカのアマゾン社は営業キャッシュフローの多くを研究開発へと投資しており特許戦略も余念がない。子会社のAmazon Technologies, Inc. が特許出願を行い、最近では「カスタマイズされた小売環境（特表2023-509844）」などの特許取得に成功している。同特許のようなビジネスモデル特許はもちろんのこと、物流効率化に必要な特許ポートフォリオ[94]は多岐にわたるはずである。幹線輸送のシェアリングを行うにあたってパテントプール[95]を形成させ、数多の企業がオープ

94　特許ポートフォリオとは、自社製品・サービスに必要な特許群を戦略的に構築し、それら特許権で網の目のような状況（特許網）を戦略的に作り出し、競争優位性を作出することをいう。

ンソースとして享受できる環境整備に乗り出しても良いのではないか。
もちろん、これには独占禁止法の規制がついてまわる話であるが、その調整は国の役割だ。都市計画法における市街化調整区域の開発許可の緩和ができて、独占禁止法の緩和ができないなんてことはないだろう。ことは国難であり社会インフラが壊れるか維持できるかの瀬戸際である。
物流2024年問題解決に取り組むこのタイミングから特許戦略を構築することによって、将来的に物流というシステムそのものを「輸出」することだって見えてくるかもしれない。物流システムの輸出を行うのなら、間違いなく技術の粋を集めて各企業のみならず国として戦っていく気概が必要である。
物流2024年問題を見事解決した暁には、私たち日本の物流、そしてSCMが素晴らしいと評価される日が来るかもしれない。そうなれば是非マネジメントしてくれという海外諸国が出てくるかもしれない。
世界を牽引する物流システムを保持する海洋国家、日本。まさにこれから総力をあげて目指すべき姿ではないだろうか。

2024年という年度は物流が崩壊した最初の起点ではなく、国難を乗り越えた革新的なはじまりであった。20年後に振り返ったとき、2024年が物流革新元年として歴史に刻まれていることを切に願う。

95　パテントプールは、特許（パテント）と貯水（プール）するという概念に由来する。複数の企業が各社保有する特許を出し合って、それを相互にライセンス契約を行うことという。

おわりに

本書を執筆した2024年は、令和６年能登半島地震により幕を開けた。まずは被害を受けた皆様方について、心よりお見舞い申し上げたい。

たまたま被災した地域に事業所のあるお客様がおり、少しでも情報を届けようと行政の全ての動きを収集したことが2024年の最初の業務となった。連絡が取れるようになるまでタイムラグがあったものの、幸いにもそのお客様は事業所ごと無事であり、少しでも壊れた機器の補填にと小規模事業者持続化補助金をご案内した程度で済んだ。

私たちは安定しない地盤の上で生きているのだと改めて痛感した出来事でもあった。2011年に東日本大震災が生じたとき、私は東京に住んでおり大混乱を確かに目の当たりにしたはずだ。あれから10年強、「喉元過ぎれば熱さを忘れる」という格言通りになってしまってはいないだろうか。本書においては正面から述べることはできなかったが、物流分野に限らず災害時対応を意識した事業計画は日本という国にいる以上、決して忘れてはならない。

私が物流分野に興味を抱くようになったのは海事代理士という国家資格に合格した後日談となる。母から「祖父が元々海商に興味があって、商船大学にて勉強をしたがっていた。」との話を初めて聞いたのだ。聞けば母方の曾祖父は近畿の船問屋として海運業を行っていたようだ。祖父は九州に身を移した教員であったから、まさに寝耳に水である。しかし、物流分野とは長らく無縁で生きてきたが、こうして行政書士・海事代理士として物流関係に携わるに至った。

ご縁とはつくづく不思議なものである。

「物流2024年問題」をテーマに執筆させて頂いた経緯も幾重にも重なったご縁のうえにある。特に本書の制作にあたっては、私の力など微々たるもので、多くの方々の多大なるご助力のおかげである。

物流という掴みどころのない分野を学問として昇華してくださった諸

先生方が記した各種文献はもちろん、従前からお世話になり続けている行政書士の伊藤浩先生に至っては草案のプロット段階より細部に目を通した上でアドバイスをし続けていただいた。そして、株式会社恒春閣の代表取締役社長市倉泰様、常務取締役小熊順一様、企画編集課の方々をはじめご協力いただいた皆様には感謝しかない。この場をお借りして、心より御礼申し上げる。

最後に、私を応援し続けてくれている母、独立開業のきっかけとなった亡き祖母、私が若いころ急逝した父、そして全てのご先祖様に本書を捧げたい。

付録（参照条文）

⑴　改正後の労働基準法関係（一般則）

労働基準法（昭和二十二年法律第四十九号）

（労働時間）

第三十二条　使用者は、労働者に、休憩時間を除き一週間について四十時間を超えて、労働させてはならない。

②　使用者は、一週間の各日については、労働者に、休憩時間を除き一日について八時間を超えて、労働させてはならない。

（時間外及び休日の労働）

第三十六条　使用者は、当該事業場に、労働者の過半数で組織する労働組合がある場合においてはその労働組合、労働者の過半数で組織する労働組合がない場合においては労働者の過半数を代表する者との書面による協定をし、厚生労働省令で定めるところによりこれを行政官庁に届け出た場合においては、第三十二条から第三十二条の五まで若しくは第四十条の労働時間（以下この条において「労働時間」という。）又は前条の休日（以下この条において「休日」という。）に関する規定にかかわらず、その協定で定めるところによつて労働時間を延長し、又は休日に労働させることができる。

②　前項の協定においては、次に掲げる事項を定めるものとする。

一　この条の規定により労働時間を延長し、又は休日に労働させることができることとされる労働者の範囲

二　対象期間（この条の規定により労働時間を延長し、又は休日に労働させることができる期間をいい、一年間に限るものとする。第四号及び第六項第三号において同じ。）

三　労働時間を延長し、又は休日に労働させることができる場合

四　対象期間における一日、一箇月及び一年のそれぞれの期間について労働時間を延長して労働させることができる時間又は労働させる

ことができる休日の日数

五　労働時間の延長及び休日の労働を適正なものとするために必要な事項として厚生労働省令で定める事項

③　前項第四号の労働時間を延長して労働させることができる時間は、当該事業場の業務量、時間外労働の動向その他の事情を考慮して通常予見される時間外労働の範囲内において、限度時間を超えない時間に限る。

④　前項の限度時間は、一箇月について四十五時間及び一年について三百六十時間（第三十二条の四第一項第二号の対象期間として三箇月を超える期間を定めて同条の規定により労働させる場合にあつては、一箇月について四十二時間及び一年について三百二十時間）とする。

⑤　第一項の協定においては、第二項各号に掲げるもののほか、当該事業場における通常予見することのできない業務量の大幅な増加等に伴い臨時的に第三項の限度時間を超えて労働させる必要がある場合において、一箇月について労働時間を延長して労働させ、及び休日において労働させることができる時間（第二項第四号に関して協定した時間を含め百時間未満の範囲内に限る。）並びに一年について労働時間を延長して労働させることができる時間（同号に関して協定した時間を含め七百二十時間を超えない範囲内に限る。）を定めることができる。この場合において、第一項の協定に、併せて第二項第二号の対象期間において労働時間を延長して労働させる時間が一箇月について四十五時間（第三十二条の四第一項第二号の対象期間として三箇月を超える期間を定めて同条の規定により労働させる場合にあつては、一箇月について四十二時間）を超えることができる月数（一年について六箇月以内に限る。）を定めなければならない。

⑥　使用者は、第一項の協定で定めるところによつて労働時間を延長して労働させ、又は休日において労働させる場合であつても、次の各号に掲げる時間について、当該各号に定める要件を満たすものとしなければならない。

一　坑内労働その他厚生労働省令で定める健康上特に有害な業務について、一日について労働時間を延長して労働させた時間　二時間を超えないこと。

二　一箇月について労働時間を延長して労働させ、及び休日において労働させた時間　百時間未満であること。

三　対象期間の初日から一箇月ごとに区分した各期間に当該各期間の直前の一箇月、二箇月、三箇月、四箇月及び五箇月の期間を加えたそれぞれの期間における労働時間を延長して労働させ、及び休日において労働させた時間の一箇月当たりの平均時間　八十時間を超えないこと。

⑦　厚生労働大臣は、労働時間の延長及び休日の労働を適正なものとするため、第一項の協定で定める労働時間の延長及び休日の労働について留意すべき事項、当該労働時間の延長に係る割増賃金の率その他の必要な事項について、労働者の健康、福祉、時間外労働の動向その他の事情を考慮して指針を定めることができる。

⑧　第一項の協定をする使用者及び労働組合又は労働者の過半数を代表する者は、当該協定で労働時間の延長及び休日の労働を定めるに当たり、当該協定の内容が前項の指針に適合したものとなるようにしなければならない。

⑨　行政官庁は、第七項の指針に関し、第一項の協定をする使用者及び労働組合又は労働者の過半数を代表する者に対し、必要な助言及び指導を行うことができる。

⑩　前項の助言及び指導を行うに当たつては、労働者の健康が確保されるよう特に配慮しなければならない。

⑪　第三項から第五項まで及び第六項（第二号及び第三号に係る部分に限る。）の規定は、新たな技術、商品又は役務の研究開発に係る業務については適用しない。

第百十九条　次の各号のいずれかに該当する者は、六箇月以下の懲役又は三十万円以下の罰金に処する。

一　第三条、第四条、第七条、第十六条、第十七条、第十八条第一項、第十九条、第二十条、第二十二条第四項、第三十二条、第三十四条、第三十五条、第三十六条第六項、第三十七条、第三十九条（第七項を除く。）、第六十一条、第六十二条、第六十四条の三から第六十七条まで、第七十二条、第七十五条から第七十七条まで、第七十九条、第八十条、第九十四条第二項、第九十六条又は第百四条第二項の規定に違反した者

二　第三十三条第二項、第九十六条の二第二項又は第九十六条の三第一項の規定による命令に違反した者

三　第四十条の規定に基づいて発する厚生労働省令に違反した者

四　第七十条の規定に基づいて発する厚生労働省令（第六十二条又は第六十四条の三の規定に係る部分に限る。）に違反した者

(2)　改正後の労働基準法関係（自動車運転業務の一般則）

労働基準法（昭和二十二年法律第四十九号）

第百四十条　一般乗用旅客自動車運送事業（道路運送法（昭和二十六年法律第百八十三号）第三条第一号ハに規定する一般乗用旅客自動車運送事業をいう。）の業務、貨物自動車運送事業（貨物自動車運送事業法（平成元年法律第八十三号）第二条第一項に規定する貨物自動車運送事業をいう。）の業務その他の自動車の運転の業務として厚生労働省令で定める業務に関する第三十六条の規定の適用については、当分の間、同条第五項中「時間（第二項第四号に関して協定した時間を含め百時間未満の範囲内に限る。）並びに一年について労働時間を延長して労働させることができる時間（同号に関して協定した時間を含め七百二十時間を超えない範囲内に限る。）を定めることができる。この場合において、第一項の協定に、併せて第二項第二号の対象期間において労働時間を延長して労働させる時間が一箇月について四十五時間（第三十二条の四第一項第二号の対象期間として三箇月を超える期

間を定めて同条の規定により労働させる場合にあつては、一箇月について四十二時間）を超えることができる月数（一年について六箇月以内に限る。）を定めなければならない」とあるのは、「時間並びに一年について労働時間を延長して労働させることができる時間（第二項第四号に関して協定した時間を含め九百六十時間を超えない範囲内に限る。）を定めることができる」とし、同条第六項（第二号及び第三号に係る部分に限る。）の規定は適用しない。

② 前項の規定にかかわらず、同項に規定する業務については、令和六年三月三十一日（同日及びその翌日を含む期間を定めている第三十六条第一項の協定に関しては、当該協定に定める期間の初日から起算して一年を経過する日）までの間、同条第二項第四号中「一箇月及び」とあるのは、「一日を超え三箇月以内の範囲で前項の協定をする使用者及び労働組合若しくは労働者の過半数を代表する者が定める期間並びに」とし、同条第三項から第五項まで及び第六項（第二号及び第三号に係る部分に限る。）の規定は適用しない。

労働基準法施行規則（昭和二十二年厚生省令第二十三号）

第六十九条　法第百三十九条第一項及び第二項の厚生労働省令で定める事業は、次に掲げるものとする。

一　法別表第一第三号に掲げる事業

二　事業場の所属する企業の主たる事業が法別表第一第三号に掲げる事業である事業場における事業

三　工作物の建設の事業に関連する警備の事業（当該事業において労働者に交通誘導警備の業務を行わせる場合に限る。）

② 法第百四十条第一項の厚生労働省令で定める業務は、一般乗用旅客自動車運送事業の業務、貨物自動車運送事業（貨物自動車運送事業法（平成元年法律第八十三号）第二条第一項に規定する貨物自動車運送事業をいう。）の業務、一般乗合旅客自動車運送事業（道路運送法第三条第一号イに規定する一般乗合旅客自動車運送事業をいう。）の業

務、一般貸切旅客自動車運送事業（同号ロに規定する一般貸切旅客自動車運送事業をいう。）の業務その他四輪以上の自動車の運転の業務とする。

⑶　改正後の貨物自動車運送事業法

貨物自動車運送事業法（平成元年法律第八十三号）

（実運送体制管理簿の作成等）

第二十四条の五　一般貨物自動車運送事業者は、真荷主【※１筆者注】から引き受けた貨物の運送（その運送に係る貨物の重量が国土交通省令で定める重量以上であるものに限る。第六項において同じ。）について他の貨物自動車運送事業者の行う運送（自動車を使用しないで貨物の運送を行わせることを内容とする契約によるものを除く。）を利用したときは、運送体制の明確化を図るため、災害その他緊急やむを得ない場合を除き、真荷主から引き受けた貨物の運送ごとに、国土交通省令で定めるところにより、次に掲げる事項を記載した実運送体制管理簿（その作成に代えて電磁的記録（電子的方式、磁気的方式その他人の知覚によっては認識することができない方式で作られる記録であって、電子計算機による情報処理の用に供されるものをいう。同項及び第五十八条の九において同じ。）の作成がされている場合における当該電磁的記録を含む。以下この条において同じ。）を作成し、その引き受けた貨物の運送が完了した日から一年間、これを営業所に備え置かなければならない。ただし、当該利用の態様その他の事情を勘案して国土交通省令で定める場合は、真荷主から引き受けた貨物の運送ごとに作成することを要しない。

【※１筆者注　改正法12条括弧書き：真荷主（自らの事業に関して貨物自動車運送事業者との間で運送契約を締結して貨物の運送を委託する者であって、貨物自動車運送事業者以外のものをいう。第二十四条の五において同じ。）】

一　真荷主から引き受けた貨物の運送について実運送（事業用自動車

を使用して行う貨物の運送をいう。以下この項及び第五項において同じ。）を行う貨物自動車運送事業者の商号又は名称

二　前号の貨物自動車運送事業者が実運送を行う貨物の内容及び区間

三　第一号の貨物自動車運送事業者の請負階層（当該貨物自動車運送事業者が実運送を行う貨物の運送に関して締結された運送契約のうち、真荷主との運送契約の後に締結された運送契約の数をいう。）

四　その他国土交通省令で定める事項

2　前項の規定は、一般貨物自動車運送事業者が第一種貨物利用運送事業者から貨物の運送を引き受けた場合であって、当該第一種貨物利用運送事業者に貨物の運送の委託をした者（その者に委託（二以上の段階にわたる委託を含む。）をした者を含む。）が貨物自動車運送事業者であるときにおける当該一般貨物自動車運送事業者については、適用しない。

3　第一項の規定により実運送体制管理簿を作成する一般貨物自動車運送事業者（以下この条において「元請事業者」という。）は、同項ただし書の場合を除き、その利用する運送を行う他の貨物自動車運送事業者に対し、次に掲げる事項（次項第一号において「元請連絡事項」という。）を通知しなければならない。

一　当該元請事業者の連絡先

二　当該他の貨物自動車運送事業者が運送する貨物の真荷主の商号又は名称

三　その他国土交通省令で定める事項

4　一般貨物自動車運送事業者（元請事業者を除く。）は、その引き受けた貨物の運送について他の貨物自動車運送事業者の行う運送（自動車を使用しないで貨物の運送を行わせることを内容とする契約によるものを除く。）を利用するときは、当該他の貨物自動車運送事業者に対し、次に掲げる事項を通知しなければならない。ただし、前項の規定による通知を受けていない場合その他これらの事項を知ることができない場合は、この限りでない。

一　当該貨物の運送に係る元請連絡事項
二　当該他の貨物自動車運送事業者の請負階層（当該他の貨物自動車運送事業者が引き受けた貨物の運送に関して締結された運送契約のうち、真荷主との運送契約の後に締結された運送契約の数をいう。）
三　その他国土交通省令で定める事項

5　貨物自動車運送事業者は、他の貨物自動車運送事業者から貨物の運送を引き受け、第三項（第三十五条第六項において準用する場合を含む。）又は前項（同条第六項及び第三十六条第二項において準用する場合を含む。）の規定による通知を受け、かつ、その引き受けた貨物の運送について実運送を行うときは、当該通知に係る元請事業者に対し、当該実運送に係る貨物の真荷主ごとに、第一項各号に掲げる事項を通知しなければならない。

6　真荷主は、貨物の運送を委託した元請事業者に対して、その業務取扱時間内は、いつでも、次に掲げる請求をすることができる。
一　第一項の実運送体制管理簿が書面をもって作成されているときは、当該書面の閲覧又は謄写の請求
二　第一項の実運送体制管理簿が電磁的記録をもって作成されているときは、当該電磁的記録に記録された事項を国土交通省令で定める方法により表示したものの閲覧又は謄写の請求

(4)　新設されるフリーランス法

特定受託事業者に係る取引の適正化等に関する法律（令和五年法律第二十五号）

（定義）

第二条　この法律において「特定受託事業者」とは、業務委託の相手方である事業者であって、次の各号のいずれかに該当するものをいう。
一　個人であって、従業員を使用しないもの
二　法人であって、一の代表者以外に他の役員（理事、取締役、執行役、業務を執行する社員、監事若しくは監査役又はこれらに準ずる

者をいう。第六項第二号において同じ。）がなく、かつ、従業員を使用しないもの

2　この法律において「特定受託業務従事者」とは、特定受託事業者である前項第一号に掲げる個人及び特定受託事業者である同項第二号に掲げる法人の代表者をいう。

3　この法律において「業務委託」とは、次に掲げる行為をいう。

一　事業者がその事業のために他の事業者に物品の製造（加工を含む。）又は情報成果物の作成を委託すること。

二　事業者がその事業のために他の事業者に役務の提供を委託すること（他の事業者をして自らに役務の提供をさせることを含む。）。

4　（省略）

5　この法律において「業務委託事業者」とは、特定受託事業者に業務委託をする事業者をいう。

6　この法律において「特定業務委託事業者」とは、業務委託事業者であって、次の各号のいずれかに該当するものをいう。

一　個人であって、従業員を使用するもの

二　法人であって、二以上の役員があり、又は従業員を使用するもの

7　この法律において「報酬」とは、業務委託事業者が業務委託をした場合に特定受託事業者の給付（第三項第二号に該当する業務委託をした場合にあっては、当該役務の提供をすること。第五条第一項第一号及び第三号並びに第八条第三項及び第四項を除き、以下同じ。）に対し支払うべき代金をいう。

第二章　特定受託事業者に係る取引の適正化

（特定受託事業者の給付の内容その他の事項の明示等）

第三条　業務委託事業者は、特定受託事業者に対し業務委託をした場合は、直ちに、公正取引委員会規則で定めるところにより、特定受託事業者の給付の内容、報酬の額、支払期日その他の事項を、書面又は電

磁的方法（電子情報処理組織を使用する方法その他の情報通信の技術を利用する方法であって公正取引委員会規則で定めるものをいう。以下この条において同じ。）により特定受託事業者に対し明示しなければならない。ただし、これらの事項のうちその内容が定められないことにつき正当な理由があるものについては、その明示を要しないものとし、この場合には、業務委託事業者は、当該事項の内容が定められた後直ちに、当該事項を書面又は電磁的方法により特定受託事業者に対し明示しなければならない。

2　業務委託事業者は、前項の規定により同項に規定する事項を電磁的方法により明示した場合において、特定受託事業者から当該事項を記載した書面の交付を求められたときは、遅滞なく、公正取引委員会規則で定めるところにより、これを交付しなければならない。ただし、特定受託事業者の保護に支障を生ずることがない場合として公正取引委員会規則で定める場合は、この限りでない。

（報酬の支払期日等）

第四条　特定業務委託事業者が特定受託事業者に対し業務委託をした場合における報酬の支払期日は、当該特定業務委託事業者が特定受託事業者の給付の内容について検査をするかどうかを問わず、当該特定業務委託事業者が特定受託事業者の給付を受領した日（第二条第三項第二号に該当する業務委託をした場合にあっては、特定受託事業者から当該役務の提供を受けた日。次項において同じ。）から起算して六十日の期間内において、かつ、できる限り短い期間内において、定められなければならない。

2　前項の場合において、報酬の支払期日が定められなかったときは特定業務委託事業者が特定受託事業者の給付を受領した日が、同項の規定に違反して報酬の支払期日が定められたときは特定業務委託事業者が特定受託事業者の給付を受領した日から起算して六十日を経過する日が、それぞれ報酬の支払期日と定められたものとみなす。

3　前二項の規定にかかわらず、他の事業者（以下この項及び第六項において「元委託者」という。）から業務委託を受けた特定業務委託事業者が、当該業務委託に係る業務（以下この項及び第六項において「元委託業務」という。）の全部又は一部について特定受託事業者に再委託をした場合（前条第一項の規定により再委託である旨、元委託者の氏名又は名称、元委託業務の対価の支払期日（以下この項及び次項において「元委託支払期日」という。）その他の公正取引委員会規則で定める事項を特定受託事業者に対し明示した場合に限る。）には、当該再委託に係る報酬の支払期日は、元委託支払期日から起算して三十日の期間内において、かつ、できる限り短い期間内において、定められなければならない。

4　前項の場合において、報酬の支払期日が定められなかったときは元委託支払期日が、同項の規定に違反して報酬の支払期日が定められたときは元委託支払期日から起算して三十日を経過する日が、それぞれ報酬の支払期日と定められたものとみなす。

5　特定業務委託事業者は、第一項若しくは第三項の規定により定められた支払期日又は第二項若しくは前項の支払期日までに報酬を支払わなければならない。ただし、特定受託事業者の責めに帰すべき事由により支払うことができなかったときは、当該事由が消滅した日から起算して六十日（第三項の場合にあっては、三十日）以内に報酬を支払わなければならない。

6　第三項の場合において、特定業務委託事業者は、元委託者から前払金の支払を受けたときは、元委託業務の全部又は一部について再委託をした特定受託事業者に対して、資材の調達その他の業務委託に係る業務の着手に必要な費用を前払金として支払うよう適切な配慮をしなければならない。

（特定業務委託事業者の遵守事項）

第五条　特定業務委託事業者は、特定受託事業者に対し業務委託（政令で定める期間以上の期間行うもの（当該業務委託に係る契約の更新により当該政令で定める期間以上継続して行うこととなるものを含む。）に限る。以下この条において同じ。）をした場合は、次に掲げる行為（第二条第三項第二号に該当する業務委託をした場合にあっては、第一号及び第三号に掲げる行為を除く。）をしてはならない。

一　特定受託事業者の責めに帰すべき事由がないのに、特定受託事業者の給付の受領を拒むこと。

二　特定受託事業者の責めに帰すべき事由がないのに、報酬の額を減ずること。

三　特定受託事業者の責めに帰すべき事由がないのに、特定受託事業者の給付を受領した後、特定受託事業者にその給付に係る物を引き取らせること。

四　特定受託事業者の給付の内容と同種又は類似の内容の給付に対し通常支払われる対価に比し著しく低い報酬の額を不当に定めること。

五　特定受託事業者の給付の内容を均質にし、又はその改善を図るため必要がある場合その他正当な理由がある場合を除き、自己の指定する物を強制して購入させ、又は役務を強制して利用させること。

2　特定業務委託事業者は、特定受託事業者に対し業務委託をした場合は、次に掲げる行為をすることによって、特定受託事業者の利益を不当に害してはならない。

一　自己のために金銭、役務その他の経済上の利益を提供させること。

二　特定受託事業者の責めに帰すべき事由がないのに、特定受託事業者の給付の内容を変更させ、又は特定受託事業者の給付を受領した後（第二条第三項第二号に該当する業務委託をした場合にあっては、特定受託事業者から当該役務の提供を受けた後）に給付をやり直させること。

（申出等）

第六条　業務委託事業者から業務委託を受ける特定受託事業者は、この章の規定に違反する事実がある場合には、公正取引委員会又は中小企業庁長官に対し、その旨を申し出て、適当な措置をとるべきことを求めることができる。
2　（以下、省略）

（勧告）
第八条　公正取引委員会は、業務委託事業者が第三条の規定に違反したと認めるときは、当該業務委託事業者に対し、速やかに同条第一項の規定による明示又は同条第二項の規定による書面の交付をすべきことその他必要な措置をとるべきことを勧告することができる。
2　（以下、省略）

（命令）
第九条　公正取引委員会は、前条の規定による勧告を受けた者が、正当な理由がなく、当該勧告に係る措置をとらなかったときは、当該勧告を受けた者に対し、当該勧告に係る措置をとるべきことを命ずることができる。
2　公正取引委員会は、前項の規定による命令をした場合には、その旨を公表することができる。

第三章　特定受託業務従事者の就業環境の整備

（募集情報の的確な表示）
第十二条　特定業務委託事業者は、新聞、雑誌その他の刊行物に掲載する広告、文書の掲出又は頒布その他厚生労働省令で定める方法（次項において「広告等」という。）により、その行う業務委託に係る特定受託事業者の募集に関する情報（業務の内容その他の就業に関する事項として政令で定める事項に係るものに限る。）を提供するときは、当該情報について虚偽の表示又は誤解を生じさせる表示をしてはならない。

2　特定業務委託事業者は、広告等により前項の情報を提供するときは、正確かつ最新の内容に保たなければならない。

（妊娠、出産若しくは育児又は介護に対する配慮）

第十三条　特定業務委託事業者は、その行う業務委託（政令で定める期間以上の期間行うもの（当該業務委託に係る契約の更新により当該政令で定める期間以上継続して行うこととなるものを含む。）に限る。以下この条及び第十六条第一項において「継続的業務委託」という。）の相手方である特定受託事業者からの申出に応じて、当該特定受託事業者（当該特定受託事業者が第二条第一項第二号に掲げる法人である場合にあっては、その代表者）が妊娠、出産若しくは育児又は介護（以下この条において「育児介護等」という。）と両立しつつ当該継続的業務委託に係る業務に従事することができるよう、その者の育児介護等の状況に応じた必要な配慮をしなければならない。

2　特定業務委託事業者は、その行う継続的業務委託以外の業務委託の相手方である特定受託事業者からの申出に応じて、当該特定受託事業者（当該特定受託事業者が第二条第一項第二号に掲げる法人である場合にあっては、その代表者）が育児介護等と両立しつつ当該業務委託に係る業務に従事することができるよう、その者の育児介護等の状況に応じた必要な配慮をするよう努めなければならない。

（業務委託に関して行われる言動に起因する問題に関して講ずべき措置等）

第十四条　特定業務委託事業者は、その行う業務委託に係る特定受託業務従事者に対し当該業務委託に関して行われる次の各号に規定する言動により、当該各号に掲げる状況に至ることのないよう、その者からの相談に応じ、適切に対応するために必要な体制の整備その他の必要な措置を講じなければならない。

一　性的な言動に対する特定受託業務従事者の対応によりその者（その者が第二条第一項第二号に掲げる法人の代表者である場合にあっては、当該法人）に係る業務委託の条件について不利益を与え、又は性的な言動により特定受託業務従事者の就業環境を害すること。

二　特定受託業務従事者の妊娠又は出産に関する事由であって厚生労働省令で定めるものに関する言動によりその者の就業環境を害すること。

三　取引上の優越的な関係を背景とした言動であって業務委託に係る業務を遂行する上で必要かつ相当な範囲を超えたものにより特定受託業務従事者の就業環境を害すること。

2　特定業務委託事業者は、特定受託業務従事者が前項の相談を行ったこと又は特定業務委託事業者による当該相談への対応に協力した際に事実を述べたことを理由として、その者（その者が第二条第一項第二号に掲げる法人の代表者である場合にあっては、当該法人）に対し、業務委託に係る契約の解除その他の不利益な取扱いをしてはならない。

（解除等の予告）

第十六条　特定業務委託事業者は、継続的業務委託に係る契約の解除（契約期間の満了後に更新しない場合を含む。次項において同じ。）をしようとする場合には、当該契約の相手方である特定受託事業者に対し、厚生労働省令で定めるところにより、少なくとも三十日前までに、その予告をしなければならない。ただし、災害その他やむを得ない事由により予告することが困難な場合その他の厚生労働省令で定める場合は、この限りでない。

2　特定受託事業者が、前項の予告がされた日から同項の契約が満了する日までの間において、契約の解除の理由の開示を特定業務委託事業者に請求した場合には、当該特定業務委託事業者は、当該特定受託事業者に対し、厚生労働省令で定めるところにより、遅滞なくこれを開示しなければならない。ただし、第三者の利益を害するおそれがある場合その他の厚生労働省令で定める場合は、この限りでない。

（命令等）

第十九条　厚生労働大臣は、前条の規定による勧告（第十四条に係るものを除く。）を受けた者が、正当な理由がなく、当該勧告に係る措置をとらなかったときは、当該勧告を受けた者に対し、当該勧告に係る措置をとるべきことを命ずることができる。

2　厚生労働大臣は、前項の規定による命令をした場合には、その旨を公表することができる。

3　厚生労働大臣は、前条の規定による勧告（第十四条に係るものに限る。）を受けた者が、正当な理由がなく、当該勧告に係る措置をとらなかったときは、その旨を公表することができる。

第五章　罰則

第二十四条　次の各号のいずれかに該当する場合には、当該違反行為をした者は、五十万円以下の罰金に処する。

一　第九条第一項又は第十九条第一項の規定による命令に違反したとき。

二　第十一条第一項若しくは第二項又は第二十条第一項の規定による報告をせず、若しくは虚偽の報告をし、又はこれらの規定による検査を拒み、妨げ、若しくは忌避したとき。

⑸　改正物効法の物流統括管理者制度関連条文

物資の流通の効率化に関する法律（平成十七年法律第八十五号）

（特定荷主の指定）

第四十五条　荷主事業所管大臣は、第一種荷主のうち、貨物自動車運送事業者又は貨物利用運送事業者に運送（貨物自動車を使用しないで貨物の運送を行わせることを内容とする契約によるものを除く。次項及び第三項第二号において同じ。）を行わせた貨物について政令で定めるところにより算定した年度の貨物の合計の重量が政令で定める重量（次項及び第三項第二号において「基準重量」という。）以上であるものを、運転者の荷待ち時間等の短縮及び運転者一人当たりの一回の運送ごとの貨物の重量の増加に特に寄与する必要がある者として指定するものとする。

2　第一種荷主は、貨物自動車運送事業者又は貨物利用運送事業者に運送を行わせた貨物の重量について、前項の政令で定めるところにより算定した前年度の貨物の合計の重量が基準重量以上であるときは、主務省令で定めるところにより、貨物の運送の委託の状況に関し、主務省令で定める事項を荷主事業所管大臣に届け出なければならない。ただし、同項の規定により指定された第一種荷主（以下「特定第一種荷主」という。）であるときは、この限りでない。

3　（省略）

4　（省略）

5　荷主事業所管大臣は、第二種荷主のうち、次に掲げる貨物（当該第二種荷主が貨物自動車運送事業者又は貨物利用運送事業者に運送を委託するもの並びに当該第二種荷主が貨物の受渡しを行う日又は時刻及び時間帯を運転者に指示することができないものを除く。次項及び第七項第二号において同じ。）について政令で定めるところにより算定した年度の貨物の合計の重量が政令で定める重量（次項及び第七項第二号において「基準重量」という。）以上であるものを、運転者の荷待ち時間等の短縮及び運転者一人当たりの一回の運送ごとの貨物の重量の増加に特に寄与する必要がある者として指定するものとする。

一　自らの事業に関して、運転者から受け取る貨物

二　自らの事業に関して、他の者をして運転者から受け取らせる貨物

三　自らの事業に関して、運転者に引き渡す貨物

四　自らの事業に関して、他の者をして運転者に引き渡させる貨物

6　第二種荷主は、前項各号に掲げる貨物について、同項の政令で定め

るところにより算定した前年度の貨物の合計の重量が基準重量以上であるときは、主務省令で定めるところにより、貨物の受渡しの状況に関し、主務省令で定める事項を荷主事業所管大臣に届け出なければならない。ただし、同項の規定により指定された第二種荷主（以下「特定第二種荷主」という。）であるときは、この限りでない。

7　（省略）

8　（省略）

（物流統括管理者の選任）

第四十七条　特定荷主は、第四十五条第一項又は第五項の規定による指定を受けた後、速やかに、主務省令で定めるところにより、次に掲げる業務を統括管理する者（以下この条において「物流統括管理者」という。）を選任しなければならない。

一　前条の中長期的な計画の作成

二　自らの事業に係る貨物の運送を行う運転者への負荷を低減し、及び輸送される物資の貨物自動車への過度の集中を是正するための事業の運営方針の作成及び事業の管理体制の整備に関する業務

三　その他運転者の運送及び荷役等の効率化のために必要な業務として主務省令で定める業務

2　物流統括管理者は、特定荷主が行う事業運営上の重要な決定に参画する管理的地位にある者をもって充てなければならない。

3　特定荷主は、第一項の規定により物流統括管理者を選任したときは、主務省令で定めるところにより、遅滞なく、その氏名及び役職を荷主事業所管大臣に届け出なければならない。これを解任したときも、同様とする。

（特定連鎖化事業者の指定）

第六十四条　連鎖化事業所管大臣は、連鎖化事業者のうち、次に掲げる貨物について政令で定めるところにより算定した年度の貨物の合計の

重量が政令で定める重量（次項及び第三項第二号において「基準重量」という。）以上であるものを、運転者の荷待ち時間の短縮及び運転者一人当たりの一回の運送ごとの貨物の重量の増加に特に寄与する必要がある者として指定するものとする。

一　当該連鎖化事業者の連鎖対象者が運転者から受け取る貨物

二　当該連鎖化事業者の連鎖対象者が他の者をして運転者から受け取らせる貨物

2　連鎖化事業者は、前項各号に掲げる貨物の重量について、同項の政令で定めるところにより算定した前年度の貨物の合計の重量が基準重量以上であるときは、主務省令で定めるところにより、当該連鎖化事業者の連鎖対象者の貨物の受渡しの状況に関し、主務省令で定める事項を連鎖化事業所管大臣に届け出なければならない。ただし、同項の規定により指定された連鎖化事業者（以下「特定連鎖化事業者」という。）であるときは、この限りでない。

3　（省略）

4　（省略）

（物流統括管理者の選任）

第六十六条　特定連鎖化事業者は、第六十四条第一項の規定による指定を受けた後、速やかに、主務省令で定めるところにより、次に掲げる業務を統括管理する者（以下この条において「物流統括管理者」という。）を選任しなければならない。

一　前条の中長期的な計画の作成

二　当該特定連鎖化事業者の連鎖対象者の事業に係る貨物の運送を行う運転者への負荷を低減し、及び輸送される物資の貨物自動車への過度の集中を是正するための事業の運営方針の作成及び事業の管理体制の整備に関する業務

三　その他運転者の運送の効率化のために必要な業務として主務省令で定める業務

2　物流統括管理者は、特定連鎖化事業者が行う事業運営上の重要な決定に参画する管理的地位にある者をもって充てなければならない。

3　特定連鎖化事業者は、第一項の規定により物流統括管理者を選任したときは、主務省令で定めるところにより、遅滞なく、その氏名及び役職を連鎖化事業所管大臣に届け出なければならない。これを解任したときも、同様とする。

参考文献

【労働関係】

下井隆史（著）『有斐閣法学叢書　労働基準法（第５版）』、2019、有斐閣

高仲幸雄（著）『働き方改革関連法対応　Ｑ＆Ａ　改正労働時間法制のポイント』、2019、新日本法規出版

木島康雄（監修）『図解で早わかり　最新　働き方改革法と労働法のしくみ』、2019、三修社

渡邊岳（著）『労使協定・労働協約完全実務ハンドブック（改訂版）』、2019、日本法令

厚生労働委員会調査室（寺澤泰大）「厚生労働分野の主な政策課題」（論文）、2024

【物流関係】

秋川卓也、大下剛（著）『はじめて学ぶ物流』、2023、有斐閣ブックス

野口智雄（著）『日本の物流問題――流通の危機と進化を読みとく』、2024、筑摩書房

小野塚征志（著）『ロジスティクス4.0』、2019、日経BP

角井亮一（著）『図解　基本からよくわかる物流のしくみ』、2014、日本実業出版社

国土交通省（英浩道）「今後の物流施策の在り方―新総合物流施策大綱の実施状況を踏まえて―」（論文）、2005

経済産業省（浜辺哲也、保坂伸）「「物流効率化対策」に係る事後評価書（事後評価）」（論文）、2006

経済産業省（髙橋直人）「事後評価書　流通・物流基盤整備　平成20年度（事後評価）」（論文）、2009

国土交通省（英浩道）「強い経済の再生と成長を支える物流システムの構築―総合物流施策大綱（2013-2017）―」（論文）、2017

国立国会図書館 調査及び立法考査局（小針泰介）「物流業における働き方改革と諸課題への対応―物流の 2024年問題を念頭に―」（論文）、2023

国立国会図書館 調査及び立法考査局（三浦夏乃）「価格転嫁をめぐる動向と関連施策」（論文）、2024

国立国会図書館 調査及び立法考査局「令和６年能登半島地震への対応（上）―地震の概要と各支援の状況―」（論文）、2024

国立国会図書館 調査及び立法考査局「令和６年能登半島地震への対応（中）

―初動対応での課題とインフラへの影響―」（論文）、2024
国立国会図書館 調査及び立法考査局「令和６年能登半島地震への対応（下）―生活・産業への影響と復旧・復興に向けて―」（論文）、2024
農林水産委員会調査室（西村尚敏）「農林水産政策の主要課題―食料安全保障の強化を見据えた法制度の整備―」（論文）、2024
国土交通委員会調査室（藤乗一道）「国土交通行政の主な課題」（論文）、2024
原田英生、向山雅夫、渡辺達朗（著）『ベーシック 流通と商業――現実から学ぶ理論と仕組み　新版』、2010、有斐閣アルマ
船井総研ロジ（著）『物流センターのしくみ―ビジネスパーソンのための「物流」基礎知識』、2024、同文舘出版
青田卓也（著）『ビジュアル図解　宅配便のしくみ』、2009、同文舘出版
明治大学商学部（編著）『アート・オブ・物流―進化する物流世界の実像』、2024、同友館
伊藤元重（著）『流通大変動　現場から見えてくる日本経済』、2014、NHK出版
角井亮一（著）『アマゾン、ニトリ、ZARA……　すごい物流戦略』、2018、PHP研究所
高橋 広行、CCCマーケティング総合研究所（編著）、財津涼子、大山翔平（著）『「持たない時代」のマーケティング―サブスクとシェアリング・サービス』、2022、同文舘出版
角井亮一（著）『オムニチャネル戦略』、2015、日経BP
角井亮一（著）『物流革命2024（日経ムック）』、2024、日経BP
森隆行（著）『CLO（Chief Logistics Officer）の仕事―物流統括管理者は物流部長とどう違うのか？』、2024、同文舘出版

【トラック関係】

鈴木隆広、先山真吾（著）『貨物自動車運送事業書式全書（改訂版）』、2021、日本法令
行政書士法人佐久間行政法務事務所（著）『行政書士のための特殊車両通行許可申請の説明書（第２版）』、2023、税務経理協会
戸嶋浩二、佐藤典仁、秋田顕精（著）『自動運転・MaaSビジネスの法務（第２版）』、2023、中央経済社
日本組織内弁護士協会（監修）『Ｑ＆Ａでわかる業種別法務―物流・倉庫・デリバリー』、2022、中央経済社

波光巖、横田直和（著）『Ｑ＆Ａ　業務委託・企業間取引における法律と実務―下請法、独占禁止法、不正競争防止法、役務委託取引、大規模小売業・運送業・建設業・フリーランスにおける委託』、2019、日本加除出版

【モーダルシフト関係】

森隆行（編著）『モーダルシフトと内航海運』、2020、海文堂出版
川崎豊彦（著）『図解入門よくわかる 最新船舶の基本と仕組み［第４版］』、2020、秀和システム
拓海広志（著）『ビジュアルでわかる船と海運のはなし（新訂）』、2017、成山堂書店
城島明彦（著）『船と船乗りの物語』、2005、生活情報センター
大口裕司（著）『Ｑ＆Ａ　海事・物流・貿易の契約実務と危機管理―基本実務から運送契約、傭船契約、船荷証券、海難事故対応までトータルカバー』、2023、中央経済社
国立国会図書館 調査及び立法考査局（内田竜雄）「我が国の国際海上コンテナ輸送の現状と課題」（論文）、2024
ＰＨＰ研究所（編著）『貨物列車のひみつ』、2013、ＰＨＰ研究所
国土交通委員会調査室（大嶋満）『持続可能な物流の実現に向けた貨物鉄道輸送の可能性（上）―貨物鉄道輸送の現状と課題―』（論文）、2023
国土交通委員会調査室（大嶋満）『持続可能な物流の実現に向けた貨物鉄道輸送の可能性（下）―貨物鉄道輸送の現状と課題―』（論文）、2023
吉田力（著）『図解入門業界研究　最新航空業界の動向とカラクリがよ～くわかる本［第３版］』、2018、秀和システム
谷川一巳（著）『航空・貨物の謎と不思議』、2016、東京堂出版
谷川一巳（著）『旅客機・航空会社の謎と不思議』、2006、東京堂出版

【外国人関係】

服部真和（監修）『事業者必携　最新 入管法・出入国管理申請と外国人雇用の法律知識』、2023、三修社
中村文彦（著）『派遣先に知ってほしい派遣法の実務』、2023、労働新聞社
山田鐐一、黒木忠正、高宅茂（著）『よくわかる入管法（第４版）』、2017、有斐閣
杉田昌平「外国人雇用の大転換　育成就労制度　改正の経緯と実務への影響」、『ビジネスガイド』No.947、2024年７月、日本法令

【経営関係】

藤野仁三、江藤学（著）『標準化ビジネス』、2009、白桃書房

アンディ・ギブス、ボブ・マシウス（著）「特許の真髄」、2005、発明推進協会
伊藤晴國（著）『知的財産ライセンス契約―産業技術（特許・ノウハウ）』、2019、日本加除出版
乾智彦「知財ミックス戦略及び知財権ミックス戦略の本質的効果」、『月刊パテント』Vol.69 No.6、2016年４月、日本弁理士会
鈴木公明（執筆協力）『パテントプール』、2009、特許庁・（社）発明協会アジア太平洋工業所有権センター
土井教之、新海哲哉、田中悟、林秀弥『パテントプールと競争政策―実態の展望と課題―』（論文）、2008、関西学院大学産業研究所
株式会社三菱総合研究所「パテントプールを巡る諸課題に関する調査研究報告書」（論文）、2013
今村雅人（著）『図解入門ビジネス　最新脱炭素社会の仕組みと動向がよ～くわかる本』、2024、秀和システム
吉川武文（著）『図解入門ビジネス　最新脱炭素経営の基本と仕組みがよ～くわかる本』、2022、秀和システム
グロービス（著）嶋田毅（執筆）『『KPI大全―重要経営指標100の読み方&使い方』、2020、東洋経済新報社
東京商工会議所品川支部「事例から学ぶ！　品川区内中小企業のICT活用事例集」、2024
かがやき（監修）『新時代の中小企業経営支援の考え方』、2022、銀行研修社
寺嶋直史（著）『再生コンサルティングの質を高める―事業デューデリジェンスの実務入門』、2015、中央経済社
國貞克則（著）『新版　財務３表一体理解法』、2021、朝日新聞出版
國貞克則（著）『新版　財務３表一体理解法　発展編』、2021、朝日新聞出版
國貞克則（著）『財務３表一体理解法　「管理会計」編』、2024、朝日新聞出版

索　引

【筆者プロフィール】
田中　秀忠（たなか　ひでただ）
1981年４月９日宮崎県生まれ。
東京理科大学大学院知的財産戦略専攻を卒業後、知的財産ビジネスを行う英国系の日本法人へ入社。その後、特許事務所勤務、司法書士事務所勤務を経て東京都豊島区にて独立し、現在に至る。
以来、陸・空の物流関連法務の専門家である行政書士、海の物流関連法務の専門家である海事代理士、中小企業の経営課題解決の専門家である認定経営革新等支援機関として企業法務及び市民法務を中心に業務を行う。
また、豊島区住宅対策審議会委員、豊島区地域包括支援センター運営協議会委員を受嘱、豊島区認知症「介護者の会」のボランティア活動に従事するなど地域に密着した活動を志している。
著書として、『許認可等申請マニュアル（共著）』（新日本法規）などがある。

【所属事務所】
ジェネラジカル行政書士法務事務所・ジェネラジカル海事代理士法務事務所
HP：https://genea-radical.com/　　MAIL：support@genea-radical.com

基本から始める 物流「2024年問題」課題と対応
―物流革新元年とするために―

2024年９月18日　初版第１刷印刷
2024年９月24日　初版第１刷発行

著　者　田　中　秀　忠
監　修　伊　藤　　　浩
発行者　市　倉　　　泰
発行所　株式会社　恒 春 閣

〒114-0001　東京都北区東十条6‐6‐18
tel. 03‐6903‐8563・fax. 03‐6903‐8613
https://www.koshunkaku.jp

ISBN978-4-910899-14-5　　印刷／日本ハイコム株式会社
定価：1,980円（本体：1,800円）

〈検印省略〉
Koshunkaku Co., Ltd.
Printed in Japan